近世日本は
超大国
だった
強く美しい日本の再生復活を阻む「三つの壁」
草間洋一
ハート出版

近世日本は超大国だった

はじめに

歴史を奪われた民族、国家は滅びる——これは、人類文明史の公理である。よしんば、正しい歴史を忘れたフリをして新たな〝主人〟に尾を振って迎合し、その庇護のもとで一時的に栄えたとしても、やがて民族としての誇りと国家としての自己決定能力を喪失し、衰退、滅亡への道を転がり落ちる——。残念ながら、これが、戦後日本が辿《たど》ってきた偽らざる姿ではないのか。

東京九段の靖國神社には、先の戦争で祖国日本の弥栄《いやさか》を祈って散華していった二百数十万柱の英霊が鎮座している。「靖國で会おう！」を合言葉に、殉国の戦士たちは勇敢に敵に立ち向かい、そして散っていった。運命共同体を護《まも》るための無私無償の自己犠牲で、彼らは護国の神々となったのである。昭和、平成を経て令和の御代となった最初の八月十五日の終戦記念日に、国民の代表である総理大臣自身が、この靖國の杜《もり》の神々に感謝と追悼の誠を捧げるための参拝も出来ないという不条理――。

なぜならそこに、A級戦犯なる〝戦争犯罪者〟が合祀されているからだという。首相の靖國参拝に対して宗主国サマから横やりが入り、また、戦勝国きどりで捏造の歴史による反日侮日を国是とするしか能のない特亜諸国（特定アジア、つまり中共・韓国・北朝鮮）と、その走狗に成り果てた一部の反日売国野党・マスメディアの轟々たる非難攻撃の壁の前で、立ちすくんでしまったのである。

特定失踪者を含む数百人の無辜《むこ》の同胞が無法国家の北朝鮮に拉致されて、何十年経つのだろうか。国家主権と人権が蹂躙されたまま何も出来ないという、あまりにもぶざまな現実。しかもこの凶悪なナラズモノ国家は、「取るに足らない四つの島を核攻撃で海に沈めるぞ」と、盗っ人たけだけしく我が国を威嚇しているのである。

もし日本がまともな独立国家であったなら、内外からどのような雑音が入ろうと、首相は堂々と胸を張り、全閣僚を引き連れて八月十五日に靖國神社に詣《もう》でたはずである。また、それしか方法がなければ、武力によってでも拉致被害者を奪還するだろう。たとえ、救出人数の数倍、数十倍の犠牲者が出ようとも。それが「国家」というものである。国民の生命すら護れない国家は、国家の名に値《あたい》しない。

このような情けない現状を、連合国軍最高司令官総司令部（GHQ）の日本占領政策のせいにしても、何の免罪符にもなるまい。終戦から、もう七十余年も経っているのだから。

確かに、極東国際軍事裁判（東京裁判）は、勝者によるデタラメの茶番劇であった。自らの開戦責任、残虐な戦争犯罪、国際法違反といった、とても文明国とは思えない卑劣・非道・残忍な所業を、全て〝日本軍国主義者〟と日本民族の責任に転化するという歴史の捏造で、日本人を骨抜きにしようとした。そして、各界の優秀な人材が公職追放されたあと、占領軍に擦り寄り、その手先となって働いた敗戦利得者たちとその系譜が、捏造の戦争責任と自虐史観を日本人に刷り込み、今日に及んでいる。

靖國神社の神々に顔向けできないこの惨憺たる現況は、反日売国左翼や、こうした勢力に乗っ取られたマスメディアだけの責任であろうか。否《いな》、そうではあるまい。多くの国民は目覚めつつある。ネット社会となったことで、旧来のマスメディアのフェイク・ニュースや〝報道しない自由〟などという偏向報道、党派性が明らかになってきたことも大きい。

一般国民は決して愚昧ではない。特亜諸国の領土強奪・侵犯・国家分断の策謀と、上から目線の言いがかり、多発する在日・在留外国人の凶悪犯罪、グローバル経済と言う名の経済植民地化で進む、強大な国際金融資本による日本の富の収奪・労働分配率の低下・派遣労働者の急増などによる貧困化、それに伴う人口減少、国際競争力を失いつつある一次産業の危機的状況と地方の疲弊――等々、現在の日本は亡国の危殆に瀕している。

そして、野放図な基本的人権、義務の伴わない権利の主張、戦力不保持・交戦権否認の絶対平和主義を掲げる一方で、政治・経済・外交・安全保障などあらゆる分野で対米隷属路線をとってきた戦後体制の矛盾と欺瞞に、多くの人々は気づいている。

にもかかわらず、政治がそれに応えられないのだ。自主憲法の制定を結党目的とし、戦後体制からの脱却を旗印に掲げる政権与党の自民党の不勉強と怠慢、知的退廃と危機感の欠如こそ、責められなければならない。五十五年体制下の自社両党が同じ穴のムジナであったように、現在の左右両勢力も、同じ穴のなかで共に平和ボケの惰眠を貪《むさぼ》っているようにしか見えない。

平成三十年一月、保守の論客西部邁《にしべすすむ》氏が多摩川に入水《じゅすい》（享年七十八）、自らの公言どおり「自裁死」を遂げ、社会に衝撃を与えた。西部氏は、愛国保守のオピニオン誌『発言者』の主幹として、次いで『表現者』の顧問として、現代日本が直面している危機的状況と日本再生の方途について鋭い論陣を張り、拝米や媚中のエセ保守と一線を画していた。氏は、独立自尊の日本国家の再建のためには自主憲法のもとで核武装し、さらに徴兵制を導入、防衛費もＧＤＰ一パーセント枠を取り払って倍増し、我が国固有の領土である尖閣諸島も実効支配せよ、と、まさに正論を主張し続け、心ある人々に大きな影響を与えてきた。

西部氏は死の数年前から、動画サイト・ユーチューブの「チャンネル桜」などの討論番組で、自嘲的に現代の日本人を「ジャップ」という米製の蔑称で呼び、顰蹙《ひんしゅく》を買ったが、これは平和ボケの惰眠を貪る全ての日本人、とりわけ拝米・媚中のエセ保守に向けられたものであろう。同時に、いくら叫んでも少しも変わろうとしない〝戦後体制〟――しょせんは自分も〝口舌の徒〟で終わるのかという、おのれ自身に向けた絶望の表現でもあったのではなかろうか。

西部氏は、北海道の高校時代から繋がる〝故郷、祖国であり、唯一の読者で観客〟であった愛妻を四年前にガンで失い、自身も咽頭ガン、指の痺れなどの病苦のなかで、最後の実存的選択として「自裁死」を選んだ。だが、夫人を失った喪失感だけでなく、氏の自死の深層には、三島由紀夫と共通する、どうしようもない絶望感があったに違いない。

その、世界を震撼させた三島の自決事件からほぼ半世紀が経つが、三島は死の約五カ月前、サンケイ新聞の夕刊に寄稿したなかで、「私はこれからの日本に大して希望をつなぐことができない。このまま行ったら『日本』はなくなってしまうのではないかという感を日ましに深くする」と記している。

ＧＨＱの検閲・情報管理・洗脳工作を、アメリカ側の資料によって実証的に暴いた、硬骨の評論家、江藤淳も、同じく夫人の後を追うように自死した。
筆者は、こうした失意のうちに逝った愛国保守の論客たちのご冥福を、心から祈る。と同時に、残された我々に課せられた役割、使命が重く大きいことを改めて痛感している。絶望などしている時間はないのである。

令和二年　二月

草間洋一

もくじ

秀吉の明征服構想は〝第二の元寇〟を未然に防ぐためでもあった
近世日本は世界に誇る経済大国
豊かな日本に〝鎖国〟などなかった
近世日本の経済発展に寄与した参勤交代制度

第八章 江戸時代の日本は誇るべき文化先進国

左翼史家の貧農史観は的はずれ
ヨーロッパよりも自由で幸福そうな農民たち
世界に誇れる円熟の江戸文化
仏教的職業倫理を説いた鈴木正三
神・仏・儒の教えで心を磨けと説いた石田梅岩
世界に先駆け企業の社会的責任を実践した近江商人
江戸時代の日本は、世界に冠たる教育大国
庶民の就学率・識字率は世界一

序章　亡国の「モリオリ症候群」

〝ダチョウの平和〟を地でいって絶滅したモリオリ族

西洋の俗説によれば、ダチョウはライオンなどの天敵に狙われるなど危険が迫ると、その恐怖を見まいとして砂に頭を突っ込むのだという。このような、真実から目をそらす、現実逃避による束の間の偽りの平和を〝ダチョウの平和〟と言うらしい。

ダチョウの脳が体重の割に非常に軽いことは確かだが、ダチョウがもしこのように愚かで臆病な〝平和主義者〟であるならば、ダチョウという種は、とうの昔に滅び去っていたはずである。

動物行動学を持ち出すまでもなく、常識的に考えても、ありえない話だ。ダチョウはそれほど

マオリ族の殺戮によって絶滅したモリオリ族

バカではない。だからこれは、ダチョウに対して失礼きわまりない偏見である。

ところが、この〝ダチョウの平和〟を地でいって、実際に滅んでしまった人間の種族がいた。滅んだのは、南太平洋の孤島に住んでいたモリオリ族。滅ぼしたのは、文字どおり人を食う（当時）マオリ族。両者とも同族のポリネシア人である。

この信じがたい惨劇が起こったのは、異国船が盛んに日本列島の周辺をうろつきはじめた天保年間の一八三五年十一月～十二月。ニュージーランド北島に住むマオリ族の男たち約九〇〇人が、二組に分かれて白人から手に入れた銃や斧や棍棒で武装し、東方約八〇〇キロのチャタム諸島に侵攻した。そこには、先祖を同じくするモリオリ族が平和に暮らしていた。彼らは「話せば分かる」「同じ人間同士だから」と、抵抗せずに穏やかに話し合い、食糧なども必要なら分けてやろうとした。このモリオリ族の酋長が、どこかの国のオツムの弱いルーピーな首相のように「この島は自分たちだけのものではない」と言ったかどうかは定かでないが……。

ともあれ、侵攻してきたマオリ族は聞く耳を持たなかった。彼らは上陸するや宣言した。

「この島は我々のものだ。お前たちは我々の奴隷だ！」と。

そして、怯《おび》えて逃げまどう羊たちを屠殺するように、老若男女の見境なく殺戮をはじめた。女たちは片端から陵辱され、そのあと殺された。集落から逃げ出して藪や洞窟に隠れていた者たちも、見つかり次第に犯され、そして殺された。数において二倍以上のモリオリ族が一丸となって立ち向かっていけば、マオリ族に勝てたかもしれないのだが、彼らは〝ダチョウの平和〟を選んだのだった。

彼らの死体は解体され、煮たり焼いたりして調理され、人肉に飢えていたマオリ族の胃袋に収められた。生き残った者たちも、女たちは文字どおりの性奴隷にされ、それもやがて動物性タンパク質としての運命をたどり、モリオリ族は絶滅した（ジャレド・ダイアモンド『銃・病原菌・鉄』上巻、倉骨彰訳、草思社／マシュー・ホワイト『殺戮の世界史　人類が犯した100の大罪』住友進訳、早川書房）。

部族伝統の「ハカ」を踊るマオリ族の戦士たち

このウソのようなホントの史実を冒頭に持ち出したのは、この話を、遠い世界の薄気味悪い昔話として片付けるわけにはいかないからだ。

「全ては話し合いで」「話せば分かるはず」「たとえ外国に侵略されて固有の領土を奪われても、無辜の同胞が拉致されても、核ミサイルで脅されながら新たな侵略を受けても、武力で対抗するのは絶対ダメ！　憲法違反になるから。世界に冠たる素晴らしい〝平和憲法〟に『国の交戦権はこれを認めない』とあるのだから」という、あきれるほど愚かな〝現代日本版モリオリ族〟が戦後七十数年経った今現在も政界、官界、歴史学会、言論界、司法界、教育界など、いたるところに堂々とはびこっているからだ。

「戦後ずっと平和であったのは、平和憲法第九条のおかげである」などと真顔で言える人間たちのアタマと神経、彼らの世界認識と精神構造は、〝ダチョウの平和〟を地でいって絶滅してしまったモリオリ族と同レベルと言えるだろう。

許しがたい確信犯的〝モリオリ症候群〟患者

筆者は、こういう珍奇な連中の陥《おちい》っている〝病気〟を「モリオリ症候群」と呼んでいる。

このモリオリ症候群は、ＧＨＱが国際法（ハーグ陸戦条約第四十三条）を破って占領下の日本に押し付けた国家主権否定の憲法を聖なる経典とする日教組などによる洗脳教育と、日本の再生復活をなんとしても阻止しようとする反日護憲左翼のマスメディアなどによる絶えざるプロパガンダに毒されて発症する。

彼らモリオリ症候群患者に共通するものは、正しい歴史や文明を知ろうとする意欲の欠如、そして思考停止と知的怠慢である。この患者たちのなかには、現況への疑問を感じ、自己や民族、国家のアイデンティティを求めはじめ、それを真摯に学ぶことで、このシンドロームから脱して健康体に戻る者もいるのだが、悪質なのは、確信犯的モリオリ症候群患者である。

彼らは、日本国家の再生復活を阻止するように仕向けている反日外国勢力と、その走狗となっている国内の売国奴たちである。戦後レジームを頑《かたく》なに守り続けようとする、いわゆる敗戦利得者たちの系譜である。

こうした敗戦利得者たちは、終戦を境に、保身と自分の利益のために恥も外聞もなく変節し、乗り込んできたGHQに取り入り、その手先となって、日本国家・日本文化・日本文明の破壊に取り組んできた。この唾棄すべきエセ進歩派の系譜が、現在も法曹界、教育界、歴史学界、言論界などを牛耳っているわけである。これが、日本の再生復活を阻《はば》む最大の障壁である。

日本の再生復活を阻む障壁は、これだけではない。それは、植民地根性が習い性となった、拝米保守派の政治家・官僚・学者・評論家などである。「踏まれても蹴られても、ついていきます下駄の雪」とばかり、アメリカ様についていけば安泰なのだと彼らは信じ込んでいる。あるいは、信じ込んでいるフリをしている。その方が楽であるからだ。しかし、いざとなったとき、属国あるいは保護国を守るために数十万、数百万の自国民を犠牲にする国が、どこにあろうか。「核の傘」は、はじめから役に立たない破れ傘なのだ。

拝米エセ保守派の大半は、アメリカ文明の病理と闇を認識することなく、パクス・アメリカーナ（アメリカ主導の平和）に対する幻想を抱いているとともに、日本文明に対して無知である。

こうした米ポチ（米国の飼い犬）だけでなく、巧妙なハニートラップやマネートラップに絡め取られてシナポチ、半島ポチになった裏切り者たちが、愛国者の仮面をかぶって、各界で幅をきかせてきた。

「平和を愛する諸国民」とは、なんというブラックユーモアか

冷静に現行憲法を読んでみれば、まともな日本人なら誰でも、そのオカシさに気づくはずである。「われらの安全と生存」は「平和を愛する諸国民の公正と信義に信頼して」保持するの

だと前文にあるが、なんという空々《そらぞら》しい絵空事か——。

現実に日本を取り巻いているのは、いずれも醜い餓狼のごとき国家群だ。彼らのどこに「公正」と「信義」があるというのか！

トンデモならず者国家、すなわち二十一世紀の専制奴隷制国・北朝鮮は、特定失踪者数百人を含む日本人同胞を拉致し、国連安保理の制裁決議など歯牙にもかけず日本列島ごしにミサイルを飛ばし、水爆実験にも成功、「取るに足らない日本列島の四つの島を核爆弾で海中に沈めるぞ」と居丈高に日本を威嚇しているのだ。鳴り物入りのトランプ・金正恩会談の行方は不透明だが、金正恩が核を放棄することは、まずありえない。

ディール（取引）での損得勘定を重要視するトランプ大統領としては、アメリカ本国に届く大陸間弾道ミサイルを開発・所有しない限り、北朝鮮を本格的に軍事攻撃することはないだろう。むしろ、平気で他国を裏切る二枚舌の韓国・文在寅政権をよそに金王朝の北朝鮮をアメリカの影響下に置き、東アジア戦略の重要拠点として取り込もうとしている節がある。

トランプは金正恩に、北京・上海・東京などを射程内に捉える戦術核ミサイルの所有を、暗黙裡に認めるだろう。それは、対中戦略および永続的な日本支配のテコとして使えるからである。ということは、日本は半永久的に北朝鮮の核ミサイルに怯え、アメリカにすがるしかない、という構図だ。そして、日本は地上配備型弾道ミサイル迎撃システム「イージス・アショア」をアメリカの言い値で購入するしかないわけだ。しかも、このシステムには「共同交戦能力」（CEC：Cooperate Engagement Capability）が搭載されており、米軍への依存はさらに深まり、我が自衛隊は完全に米軍の下請け機関となり、傭兵的な地位が固定化されることになるだろう。

さらに、現代における最悪最凶のファシズム国家である中共は、海底資源の存在が確認されるや、それまでの地図を書き換え、日本固有の領土である尖閣諸島の領有権を突然主張し、以来彼らの領海侵犯は常態化している。日中の軍事衝突を恐れるアメリカの圧力によって、長年ここを漁場にしていた宮古島の漁民たちは、島に近づくことさえ許されない。

さらに、習近平独裁政権は日本支配の第一段階として、沖縄県の分離独立を画策している。地元紙の琉球新報と沖縄タイムスをプロパガンダ紙として使い、多くの工作員を潜入させ、〝琉球共和国〟をでっち上げるための政治工作を続けているのである。先般ガンで死亡した翁長前沖縄県知事は、その忠実な走狗であった。死者にムチ打ちたくはないが、彼は実際、国連の人権委員会で〝少数民族の自決権〟を訴えているのだ。

なお、中共が日本の主要都市や原発基地、空港、米軍や自衛隊の基地等をターゲットに数十発から数百発の核弾道ミサイルを実戦配備していることは、周知の事実である。

一方、韓国初代大統領の李承晩は、サンフランシスコ講和条約発効寸前のスキをついて、多数の日本漁民を殺傷逮捕しながら、我が国固有の領土である竹島を強奪した。

しかも、朝鮮戦争で荒廃したこの隣国は、我が国の莫大な経済・技術援助で近代産業国家に成長出来たにもかかわらず、反日侮日を国是とし、慰安婦や徴用工などの歴史捏造で金をゆすることしか考えていない。

ヤルタ会談（左から、チャーチル、ルーズベルト、スターリン）

その上、戦闘行為に等しいレーダー照射や、国会議長による許しがたい天皇侮辱発言なども行っている。まさに忘恩であるが、さらに彼らは、日本は第一の敵性国家であると公言して憚らない。

また、ソ連の残忍な独裁者スターリンは、米大統領ルーズベルト、英首相チャーチルとのヤルタ密約によって日ソ不可侵条約を一方的に破棄し、大軍をもって、終戦直前の満身創痍の我が国に襲いかかった。

さらに、ポツダム宣言を受諾して日本軍が武装解除に応じると、進駐してきた野蛮なソ連兵は、満洲や朝鮮北部等で、邦人に対する略奪、強姦、虐殺など暴虐の限りを尽くした（このとき、一夜にして豹変し、ソ連兵以上に在留邦人に暴虐の限りを尽くす朝鮮人も多かった）。

そして、武装解除した日本兵と在留日本人を、祖国に帰還させると偽って貨車に詰め込み、極寒のシベリアなどに連行し、原生林の伐採や鉱山などで奴隷的な強制労働に使役した。その数六〇万人から最大二〇〇万人と言われ、多くの日本人が栄養失調、過労、寒さ、作業事故、リンチ、不条理な裁判などによって殺された。こうした国際法違反のシベリア抑留の研究家、ウィリアム・F・ニンモによれば、日本人の、確認済み・行方不明（推定死亡者）の合計死亡者数は三十四万人にのぼるという。

さらにソ連は、火事場泥棒さながらに、合法的な日本領土であった南樺太、千島列島に加え、日本固有の領土である北方四島を強奪した。ソ連崩壊後、その遺産を引き継いだロシアの大統領プーチンは、安倍総理に気を持たせながら、一向に北方四島を返還する気配はない。

このように、まさに我が日本は国家存亡の危機にあるにもかかわらず、〝脳内お花畑〟の戦後レジーム版モリオリ族が〝平和〟と〝良心〟の使徒のような顔をして、跳梁跋扈しているのである。

一億人以上を粛清、虐殺、餓死させた共産主義革命

占領軍に力づくで押し付けられた国家主権否定（戦力の不保持、交戦権の否認）の占領基本法である現行憲法を聖なる護符とし、「平和」「話し合い」を唱えれば平和が訪れると主張する思考停止の、幼稚にして無責任な、戦後最大の国家レベルの新興宗教〝絶対平和教〟の信者としか言いようのない、モリオリ症候群患者たち。

彼らは、国家や民族の運命を考えることなく現在の自己の利益、既得権益に絶対的な価値を置く。そして、国家の存在そのものを悪しきものと捉えることが、あたかも優れた知性であるかのごとき錯覚をもち、いまだにマルキシズム幻想にとらわれている。

激動の二十世紀におけるレーニン、スターリンや、毛沢東とその後継者たち、金日正やポル・ポトなどの追随者らの、おぞましい極悪非道ぶりは想像を絶するものだった。共産主義革命の名のもとに組織的に粛清・虐殺され、あるいは餓死させられた無辜の民の総数は、全世界で一億人をはるかに超えると見積もられている。この数は、第二次世界大戦における全世界の総犠牲者数を、はるかに超えるものである。スターリンや毛沢東らの悪鬼羅刹のごとき所業は、ヒトラーの比ではない。

ヨシフ・スターリン

毛沢東

二十一世紀の現在もこの地獄図絵は、中国共産党の支配領域では現在進行形で展開されている。まともな人間の所業とは考えられないようなことが、今この瞬間も行われているのである。

チベット、ウイグル、内モンゴルなど、固有の文化と歴史をもつ民族に対する残虐な民族浄化政策、そして、法輪功信者やウイグル人などから臓器を摘出する生体臓器狩り等々……。

一九九一年、総本山とも言うべきソ連邦が崩壊したことで、マルキシズムは理論的にも歴史的にも破綻した。悪逆非道な中世ヨーロッパの十字軍や魔女狩りさながらに、一神教的・一元的価値観による集団狂気が、人類史に癒しがたい禍根を残して――。

だが、この醜怪きわまりない魔物は姿を変えて生き残り、戦後レジームの柱の一つとして、現在も多くの日本人を呪縛し続けている。それは、「戦後日本の思想界やメディアを支配するフランクフルト学派（隠れマルクス主義）」である（田中英道『戦後日本を狂わせたＯＳＳ「日本計画」　二段階革命理論と憲法』展転社）。

世界的な美術・文化史家で歴史思想家でもある田中英道氏は、このフランクフルト学派について、次のように解説している。少し長くなるが、重要なので引用する。

日本にとってもこの学派の影響は大きい。とくに一九六〇年代から七〇年代に学生であった世代は、この学派の影響下にあったといってよい。全共闘世代とか団塊の世代といわれる人々である。マルクーゼとか、ライヒ、フロム、ホルクハイマーなど、当時にぎわした名前の記憶がある方もいるかもしれない。あるいはルカーチやグラムシといった名前でおわかりの方々もいるだろう。そこから革命思想が、別の形をとって資本主義社会に潜行する。今日の反戦運動、差別撤回、フェミニズム、ジェンダーなどのこともすべてこの学派から出た理論によっているのである。

日本ではマルクスやレーニンなどの名に隠れて、この学派の名は傍流として考えられた節がある。構造改革路線や修正主義と思われていたかもしれない。日本ではもともとの原典は読まれず、ただある種の雰囲気が主流となるから、この学派の名があまり表に出ることはなかったかもしれない。しかし共産党、社会党といった政党下の勢力以外の左翼の大部分はこの学派の影響にあったといってよい。これらの政党が衰微するに反比例して、学界ではこの勢力は根を強く張っていった。まともな労働者の闘争を叫ばず、学生、インテリをターゲットにした運動といってよい。

何だそのことか、といわれる方もいるかもしれない。しかしアメリカに移ったフランクフルト学派の影響がそれより古くアメリカ政府の中にも入り込んでおり、それがすでに日本の戦後の憲法作成にも影響を与えているというのだから、問題はかなり深刻である。元来日本の憲法などというものは慣習法で十分なのだが、それを契約法にしてしまったのである。戦後の日本というものを、それまでの日本の歴史から切断させようとしている内容は、この学派の意図であることは明らかである。将来の社会主義革命をやりやすくするための布石だ、といってよい（前掲書）。

この〝隠れマルクス主義〟の危険性に、もっと注意する必要があるだろう。ちなみに、田中氏の前掲書は、正しい近現代史を学ぶうえでの必読書である。

戦後日本の「三分の一国家」さえ瀕死状態

米ワシントン市に住んで、歴代米国政府中枢の要人たちと直接交流をもってきた国際政治アナリスト・政治思想家の伊藤貫《かん》氏は、戦後日本は「三分の一国家」であるという。

伊藤氏によれば、まともな国家を構成する三本柱は、国民の生命、財産を守る「軍事力」、それを支えるとともに国民の豊かな生活を保障する「経済力」、こうした目に見える物理的・物質的な力に加えて、己のアイデンティティの核となるメタフィジカルな「価値規範」であるという。そして、この三者が相まってはじめて独立した国家と言えるのだが、戦後の日本は安全保障をアメリカに頼りきり、国家としての価値規範も見失い、ただ金儲けが全てであるかのごとき〝商人国家〟に成り下がっている。すなわち、国家を構成する三本柱のうちの一つである「経済力」しかない、三分の一国家だというのだ。

全く、そのとおりであろう。しかも、その唯一の「経済力」さえ、長引く平成のデフレ不況によって、見る影もなくなっているのだ。

ちなみに、世界のGDPシェアの変遷を見ると、一九九五年（平成七年）においては、第一位のアメリカが二四・六〇％、第二位の日本が一七・五〇％、第三位のドイツが八・五〇％、ずっと下位の中国が一・八〇％であった。だが、それが二十一年後の二〇一六年（平成二十八年）には、どのようになったか。

一位のアメリカは二四・六〇％で変わらず、二位であった日本はわずか六・五〇％に凋落、ド

イツは四・六〇％、八位であった中国は大躍進を遂げ一四・八〇％となって、堂々二位の座につ
いている。
また、この二十二年間における経済成長率をみると、アメリカは二四三％、中国はなんと
一五二四％、ドイツは一三四％、イギリスは一九八％であったのに、先進国のなかで日本だけが、
九〇・八％というマイナス成長であった（中村功『自滅へ向かうアジアの星 日本』高木書房）。
なお、直近の二〇一八年における名目ＧＤＰの一位から五位までは次のとおりである（ＩＭＦ
統計、単位：百万ＵＳドル）。

一位	米国	二〇、四九四、〇五〇
二位	中国	一三、四〇七、三九八
三位	日本	四、九七一、九二九
四位	ドイツ	四、〇〇〇、三八六
五位	イギリス	二、八二八、六四四

日本は現在、かろうじて三位の〝経済大国〟ではある。だが、過去十年の成長率がこのまま

継続すると、二〇四〇年には、ＧＤＰシェアがなんと二・八％の〝衰退途上国〟に転落するとの予測もある。

さらに深刻な問題は、単に経済の量的縮小だけでなく、その内容である。九〇年代半ば以降、実質賃金はマイナス傾向が続いており、労働者の貧困化が進んでいる。とりわけ非正規雇用者（契約社員）の貧困は喫緊の社会問題となっている。厚生労働省の調査によれば、非正規社員は徐々に増え、現在、雇用者全体の約四割を占めている。

国税庁の民間給与実態統計調査では、二〇一六年において非正規社員と正社員の年間平均給与差は三一四万円であったという。三十四歳未満の若年層に占める非正規雇用者は五二〇万人余で、彼らは結婚を望んでもできない、結婚しても子供も産めないという状況に置かれ、否応《いやおう》なく出生率が低下し、日本全体の少子高齢化に拍車がかかっているのだ。加えて、非正規社員の劣悪な労働条件に引っ張られて、正社員の賃金水準も落ちてきた。

かつて「ジャパン・アズ・ナンバーワン」「一億総中流」と謳われた、安定した豊かな日本社会、それをもたらした終身雇用制や年功序列賃金制などの雇用慣行が一般的であった日本型資本主義は、遠い昔の伝説となってしまった。

二〇一九年一月十八日の日経新聞によれば、上場企業の配当と自社株買いを合わせた前年の株主還元は十五兆円超で、五年前の約二倍に膨らむという。この背景には、外国人投資家の存在がある。一方、労働分配率は株主分配率増大に反比例して、年々減少している。

強大な国際金融資本が操るグローバル経済のなかで、アメリカ型の株主資本主義が荒れ狂い、貧富の格差は拡大し、日本人は貧困化していく——。

これが、深刻化する日本の経済〝植民地化〟の実態である。

戦後レジームとは、日本人を囲い込んでいるサファリパークのこと

自民党の参議院議員である西田昌司氏が数年前に行った、「真正保守政権を構想する」連続フォーラム第一回の講演は、愛国の情がほとばしる、実に見事なものであった。

戦後の日本人は今、〝天敵〟から守られて〝自由〟に暮らしているように見えるが、これは、見せかけの安全と自由に過ぎない。サファリパークのなかに囲い込まれていることに気がつかないのだ。サファリパークは狭い動物園と違って檻が見えないだけだ。なんのことはない、戦後レジームとは、日本人を囲い込んでいるサファリパークそのものなのだ、と。

全く、そのとおりである。

与野党を問わず錦の御旗のように叫ばれる、さまざまな〝改革〟にしても、サファリパークのフェンスの錆びた部分を、ペンキで塗り替えようではないかという程度のものだ。

問題は、サファリパークの経営主体が破産しかかっており、とんでもない悪徳業者の手に経営権が渡るかもしれない、ということなのだ。そして何よりも、フェンスで囲い込まれている状態に甘んじていること自体が異常なことであり、独立自尊の日本民族・日本国家を取り戻すには、この屈辱的な現状を打ち破らなければならない。こうしたサファリパークは、バカを作る戦後体制である、と。まさに、正鵠を射た指摘である。

ここで言う〝バカ〟とは、筆者に言わせれば、先のモリオリ症候群患者たちのことである。政党で言えば、いわゆる護憲左翼の立憲民主党、日本共産党、社民党など、そして中国、北朝鮮の核の脅威に晒されて国家存亡の際にあるにもかかわらず、第九条はそのままにして自衛隊の存在のみを明記する〝加憲〟にとどめるべきだと主張する公明党、その公明党と組んでいる自民党のなかにも大勢いる、まともな国家観もなく危機意識も不在の議員らも、全員この仲間である。

インテリ（?）・文化人（?）の集まりであるらしい憲法九条の会、反日自虐史観を子供たちに刷り込む日教組、朝日・毎日といった新聞やＮＨＫなどの、歴史捏造に加担する偏向マスメディア、日本人をサファリパークに囲い込んだGHQの東京裁判史観を信奉し、その恒久化の装置である現行憲法の呪縛にからめとられている学者、官僚、外交官、司法関係者、言論人、文化人などは、みな愚かなモリオリ症候群患者であり、救いがたいバカの部類だ。

このサファリパークの仕組みは、昔のシナにおける冊封体制を連想させる。敗戦後の日本は、アメリカ帝国に冊封された属国である。冊封の「冊」は、竹で編んだ短冊の象形文字であり、全世界の主である天子が諸侯に授ける辞令書を指したものだが、これはさだめし、GHQから〝下賜〟された〝平和憲法〟に当たろうか。

〝目覚めぬ獅子〟は獅子に非ず

かつて、西欧列強の蚕食が進む末期の清朝は、それでも四億の人口を擁する老大国であり、いったん目覚めれば昔日の栄光を取り戻せるのではないかとの期待と恐れから〝眠れる獅子〟と呼ばれたものだが、現実は歴史が示したとおり、獅子ではなく豚であった。彼らの華夷秩序からすれば西欧かぶれの東夷に過ぎない小国・日本にも敗れ、間もなく清朝は滅亡し、シナ大陸は長い混迷の時代に入っていくのだから。

二十一世紀初頭の現在、〝眠れる獅子〟と呼べる国がもしあるとすれば、それは紛れもなく、我が日本国であろう。確かに我らが日本は、経済力、科学技術力、それなりに高い民度、独立自尊の誇り高い歴史、高いレベルの文化力、一億二千万余の人口、そして何よりも、非常に高度な文明力を有している。

しかしながら、敗戦後七十数年もの間、日本人は〝サファリパーク〟のなかで能天気に眠り続けてきた。これ以上惰眠を貪るなら、かつての清国のように、間違いなく豚に転落するだろう。〝目覚めぬ獅子〟は獅子に非《あら》ず、だ。

本書では、どうしてこのような仕儀となってしまったのか、そもそも大東亜戦争とは何であったのか、望まない対支・対米戦争になぜ立ち上がらねばならなかったのか、我ら日本民族・日本国家とは本来どのようなものなのか、我らのアイデンティティはどこにあるのか、誇り高い本来の日本民族・日本国家を取り戻すにはどうしたらよいのか、大東亜戦争の犠牲となった軍民合わせて三一〇万人もの先輩同胞の御霊に対して生き残った我らが負わねばならぬ義務・使命とは何か、を考えていきたい。

第一章　日本の再生復活を阻む三つの壁

日本とは何か

はじめに、本稿を進めるうえでの前提となる、基本認識を明確にしておこう。

日本とは、約一万六千年前にはじまる縄文時代から二十一世紀の今日に至るまで、人種や民族、旧国籍、移り住んだ時期と関係なく、人類最古の文明である縄文文明が花開いた豊穣な日本列島とその周辺部で日本文化のなかに生き、日本人であることにアイデンティティを抱く日本民族であり、この日本民族によって形成される日本国家であり、世界で唯一の〝一文明一国家〟（サミュエル・ハンチントン）の日本文明をさす。したがって、大きくとらえれば、日本、日本民族、日本国家、日本文明の四つの概念は、全て等号（＝）で結ばれる。

ちなみに、たとえ悲惨な外地引き揚げ体験がトラウマになっているとしても、「日本という言葉を発するとき、たえず嫌悪の匂いが生まれ」たり、国会議員でありながら「ああいう一族（皇室）がいる近くで同じ空気を吸いたくない・これ（天皇）はもう悪の根源」とか、いくら愚かなルーピーであっても、いやしくも首相を経験した者が「日本列島は日本人だけのものではない」などとふざけた戯言《たわごと》を吐いたり、子供が保育園を落ちたぐらいで、臆面もなく「日本死ね！」などと言えるような輩《やから》は、たとえ国籍上は日本人であっても、本質的な意味で、日本民族・日本国民とは言いがたい。彼らはまさに、内なるガン細胞である。

天皇について、三島由紀夫は「天皇とは、いかなる政治権力の象徴でもなく、それは一つの鏡のように、日本の文化の全体性と、連続性を映し出すもの」（「反革命宣言補註」）と、文明史的に正確に定義している。このような日本民族・日本国家の心柱とも言うべき天皇のおられる日本に嫌悪を覚えたり、天皇と同じ空気を吸いたくないのであれば、即刻日本国籍を離脱し、日本列島から出て行けばよいではないか。

もし、祖国を愛する者を「ナショナリスト」と呼ぶなら、筆者は紛れもなくナショナリストであり、そのことを誇りとする者である。

国家否定の「グローバリズム」や、無媒介的な抽象概念としての「世界市民」「地球市民」などに、ポジティブな意味は、いささかも見いだせない。人類文明史上、想像を絶する惨禍をもたらしたマルキシズムの革命劇も、戦争を画策演出して世界中の人々の不幸の上に巨利を貪る強大な国際金融資本も、ともにグローバリズムの思想によっているからだ。

二十一世紀の人類は、いかに高邁な理想を掲げようとも、さまざまな利己主義や共同幻想を尾骶骨として持ち続け、国家主義文明の段階を超えることはできないだろう。「アメリカ・ファースト」を唱えるトランプ米大統領の出現、イギリスのEU（欧州連合）からの離脱を見ても明らかだ。

ともあれ、筆者は、南冥の海底に眠る父たちや、祖国の弥栄を祈って散華していった若き特攻隊員たち、それぞれの持ち場で死力を尽くして戦い玉砕した将兵たち、アラカン山中や極寒のシベリアの原野などに無念の骸《むくろ》となった英霊たち、国内戦場となった沖縄・原爆の人体実験場となった広島と長崎・無差別殺戮の対象となった東京以下、各都市の老若男女の非戦闘員など軍民合わせておよそ三一〇万人の死者たちの声なき声を聴きながら、祖国日本の再生復活を心から希《こいねが》う一人である。

祖国日本の再生復活を阻む三つの壁

だが、日本の再生復活の前には、頑強な三つの壁が立ち塞《ふさ》がっている。

第一の壁は、大東亜戦争の戦勝国と反日国家、それらの走狗となっている国内の反日売国勢力によって捏造された「歴史の壁」である。

第二の壁は、第一の壁と表裏一体のもので、戦後体制を固定化することで日本の自主独立を阻んでいる護憲左翼と拝米エセ保守らの、思考停止の「愚者の壁」である。加えて、売国媚中派も新たな壁となっている。

そして第三の壁は、日本文明を破壊しながら収奪を計る強大な国際金融資本の「グローバリズムの壁」である。この顔の見えない国際金融資本こそが、アメリカを実質的に支配しているものであり、彼らは傘下の大手マスメディアを駆使して米国民と世界の人々を洗脳・誤誘導し、欺瞞に満ちた正義と平和の旗を掲げ、グローバリゼーションの仮面に隠れてワールドワイドな搾取と収奪を図り、巨利を貪るために死の商人となり、これまで米政府を操って戦争や革命を画策・演出してきた。

現在、こうしたグローバリズムを経済理論の面からバックアップしているのが、強欲な株主資本主義と、格差拡大をもたらした構造改革至上主義や新自由主義である。そして、政治・社会思想の面から支えているのが、唯物論を観念論に替えて、実存主義や精神分析学などで味付けし直した、修正マルクス主義とも言うべきフランクフルト学派の思想である。ここにおいて、革命あるいは変革の主体が、「階級」から「個」に変換されたのだ。マルクスの予言に反して、労働者階級の大半はそれなりに豊かな中流階級となり、もはや革命の担《にな》い手にはなりえなくなったからだ。

現在の日本でリベラルな文化人と目されている人士の大半は、自覚的か否かは別として、このフランクフルト学派の思潮に染まっている。彼らは、選民思想に裏打ちされた「個」を絶対視する迷妄と果てしない闘争を宿命づけられている、一神教・一元的価値観の西欧文明崇拝者である。そして彼らは総じて、こうした世界観の対極にある、八百万《やおよろず》の神々と共に生きる寛容と共生の汎神的日本文明について無知、あるいは無関心である。

混沌たる二十一世紀

米ソ冷戦に勝利し、唯一の超大国となったアメリカによる世界支配、いわゆるパクス・アメリカーナの時代は終わろうとしている。事実上アメリカの保護領あるいは属国である日本は、こうした戦後体制を脱却できなければ、アメリカの衰退と運命を共にすることになる。

例えば国際政治・安全保障問題の専門家、ジョセフ・S・ナイ氏の言うように、アメリカがこれから先もグローバルなパワー・バランスの主役の地位を維持し続けるとしても（『アメリカの世紀は終わらない』日本経済新聞出版社）、このままでは、日本は緩慢に溶解し続け、ひたすら滅びへの道を歩むことになるだろう。

今から二十五年前の平成七年（一九九五）、中共の李鵬首相（当時）は、豪首相との対談中に、いみじくも言い放った――「日本という国など取るに足らない。二十年もすれば、この地球上から消えてなくなっているだろう」と。これは見えすいた日豪離間策であるのだが、それにしても、なんという我が国を侮蔑しきった言葉であろうか。

確かに、日本はこの地球上から消えてなくなりはしなかったが、この無礼きわまりない暴言を、果たして笑い飛ばすことができるだろうか。

ちなみに、この年には死者約六〇〇〇人を出した阪神・淡路大震災、凶悪なカルト教団による東京地下鉄サリン事件が相次いで勃発した。当時の首相は村山富市、衆議院議長は土井たか子の各氏であった。

喫緊の危機は、アメリカの相対的な国力の衰退とオバマ前大統領の「世界の警察官はやめた」という内向きな外交方針を奇貨として、中共が野放図な領土拡張の覇権主義に狂奔していることである。

バブル経済の崩壊、広がる一方の所得格差、蔓延する汚職、人権無視の暴政、少数民族に対する残虐な民族浄化、環境汚染、米中貿易戦争による経済の失速、外資の引き上げ、事実上の国内奴隷である農村戸籍層のさらなる貧困化等の内部矛盾など、一般人民の怒りのエネルギーを外に向けようと、習近平政権は危険な軍事膨張の冒険主義に走っている。

彼らは、勝手に引いた「九段線」の内側は自国の領土だと強弁して南シナ海（我が国にとって石油を運ぶ最重要なシーレーン）のほぼ全域を占有し、軍事基地化を進めている。それと同時に、我が国固有の領土である尖閣諸島の領有権を主張して、海警局の公船および武装漁船団が日常的に我が国の領海や接続水域を侵すとともに、領空侵犯も頻繁に行い、軍事挑発を続けている。

こうしたなか、アメリカを実質的に支配しているユダヤ系を中心とする強大な国際金融資本と中国共産党中枢部は水面下で手を組んでいるため、米中戦争は起きないだろうと多くの専門家はみてきたが、中共によるアメリカの覇権に対するあからさまな挑戦に共和、民主の両党は、こぞって中共つぶしに舵《かじ》をきった。

中国共産党独裁政権が崩壊過程に入り、一方で「強いアメリカ」を標榜するトランプ政権下で軍産複合体・ネオコンが力を盛り返すと、これまでとは話が違ってくる。中共が武力で占拠し軍事基地化を進める南シナ海と、独立国家の旗を掲げようとする蔡英文政権の台湾を巡って、米中関係はさらにキナ臭くなるだろう。

また近い将来、親北反米反日の文在寅政権を見捨て韓国から米軍が撤退する可能性もあり、そこに北主導の朝鮮連邦が誕生するかもしれない。そうなると、核をもった反日統一朝鮮は、中共以上の脅威となる。

一方、複雑怪奇な情勢の中東地域は、灼熱のマグマだまりのような様相を呈している。

さらに、進行し続ける〝西洋の没落〟に抗して欧州キリスト教文明圏の西側諸国が結成した欧州連合（ＥＵ）は、内部の経済格差と、移民・難民の流入に悩むイギリスの離脱で、崩壊への道を歩みはじめた。そして欧米諸国は、かつての植民地支配と理不尽な軍事侵攻のツケとも言える、イスラム過激派のテロに怯え続けている。

このイギリスのＥＵ離脱と「アメリカ・ファースト」を叫んでＴＰＰ（環太平洋戦略的経済連携協定）から脱退したトランプのアメリカの動きは、国境の壁をできるだけ低くして均一の市場を形成し、収奪の効率化を図ろうとする国際金融資本のグローバリズムに対する、ナショナリズムの反撃でもある。

クリミア半島併合後、西側諸国の経済制裁にあえぎながらも強大な核戦力をちらつかせて強面外交を展開するプーチンのロシアの動向も、中共と並んで大きな不安定要因である。プーチン大統領と安倍晋三首相の両首脳は、北方領土への旧島民の往来の自由化と共同経済活動で合意したが、不法に強奪した北方四島の日本への返還は、当面ほとんど絶望的だ。プーチン大統領は、「二国間に領土問題は存在しない」と明言しているのだから。

アメリカの〝核の傘〟は虚構

勝者も敗者もなく共倒れになるであろう本格的な核戦争、第三次世界大戦には、そう簡単には至らないだろう。とはいえ、この世の終わり、ハルマゲドンが現出する確率はゼロではない。その前に、我が国にとってゆゆしき事態が発生するかもしれない。沖縄である。

旧琉球王国が形式的に明・清朝の冊封体制下にあったということをもって、中国共産党独裁政権は、沖縄の領有権をも主張しはじめたのである。なんという時代錯誤、なんという恥知らずの誇大妄想か。あいた口が塞がらないとはこのことだ。

しかし、彼らは本気である。広大な太平洋を、ハワイを境にアメリカと二分することを国家戦略と定めている中共は、日本支配の第一段階として沖縄独立を策謀している。沖縄から米軍を追い出さない限り、太平洋の西半分に覇権を確立することはできないからだ。

中共による〝琉球共和国〟建設の策謀は着々と進められている。巧妙に仕組まれた混乱に乗じて、漁民に扮した武装民兵や正規軍が、満を持して尖閣諸島や沖縄離島に軍事侵攻してくる可能性は、十分に予想される。

ところが、ワシントン在住の国際政治アナリスト、前出の伊藤貫氏によれば、米国務次官補やペンタゴンの日本部長らは「たとえ中国人や朝鮮人がどれほど多くの核ミサイルを増産しても、日本人にだけは核を持たせない。米政府は、日本の自主防衛政策を阻止する」と言明している（『自滅するアメリカ帝国　日本よ、独立せよ』文春新書）。

これが、日本の再生復活を阻むアメリカの、一貫した日本支配の原則である。この基本的な対日政策は変わらないとしても、「アメリカ・ファースト」の旗を掲げるトランプ政権下であれば、日本の対応次第で状況変化が起きる可能性はあるだろう。

中共軍が東シナ海の尖閣諸島や沖縄の離島へ侵攻してくれれば、自衛隊は防衛出動し、日中戦争が勃発する。問題は、そのとき、アメリカが日米安保条約のもと、自衛隊と共に本気で日本防衛に当たってくれるかということだ。しかし、米西海岸のサンフランシスコやロサンゼルスの数百万の米国民を犠牲にしてまで、日本人のために〝核の傘〟を発動することはありえないと考えられる。

ちなみに、第一次世界大戦におけるアメリカ人の犠牲者数は十二万弱、第二次世界大戦では四十二万弱である。これらはいずれも軍人であり、一般市民の犠牲は取るに足らない数であった。つまり、日中戦争の最終局面では、米本土への核攻撃を恐れるアメリカが日本を中共に売り渡す可能性が高いのだ。〝核の傘〟は、はじめから破れ傘であって、実際は虚構なのである。属国を護るために、数百万から数千万の自国民を犠牲にする国などありえない。常識的に考えれば自明のことだ。

日米安保は、トランプ大統領が言うとおり片務条約であり、日本にアメリカを護る義務はない（自衛隊に傭兵的な機能は課されてはいるが）。だからこそ、最終局面でアメリカの核の傘を当てにすることは、出来ない相談なのである。

それゆえ、日本がいくら通常兵器での戦闘を優位に進めていても、中共の核の威嚇の前には、なすすべもなく降伏せざるをえない。なにしろ、自前の核抑止力はゼロであり、身を守るシェルターさえもないのだから。

そして、最悪の場合、日本は中華人民共和国の日本自治区となって、チベットやウイグル、内モンゴル同様、言語に絶する残忍な民族浄化を受け、日本民族、日本文明、日本国家は滅亡するだろう。

迫り来る国家存亡の危機

こうした非情な国際政治力学のなかで日本の置かれている状況、その構図は次のようになるだろう。

牙を抜かれ、去勢された日本国家は今、内部に多くのガン細胞をかかえながら、前門の虎と後門の狼に睨まれ、身動きの取れない状況下に置かれている。しかも、虎と狼は気脈を通じ合って獲物を逃がすまいとしているのだ。奸智にたけた虎と狼は、ときに鋭く対立するかに見えるが、それも出来レースであり、獲物に対しては同一歩調をとっている。獲物を覚醒させぬよう洗脳、謀略、歴史の捏造を行い、さらには核の威嚇で〝共同管理〟しながら、末永く獲物の生き血を吸うために――。

このような閉塞状況は一見、絶望的である。だが、絶望している時間はない。このままでは虎と狼に怯えながら生き血を吸われ続け、いつのまにかそれを平和な常態と受け入れ、その自虐心理が習い性になってしまう。これこそまさに〝死に至る病〟だ。

自らの運命を自らの力で切り拓く気概と勇気と英知を失ったとき、その民族・国家は間違いなく滅びる。

一万数千年にわたって醸成されてきた豊饒な文明のうえに屹立する悠久の歴史と伝統の日本民族・日本国家が、このままでいいはずはない。たった一度の敗戦で委縮してしまうほど日本民族はヤワなのか。数百人もの同胞を拉致され、領土の一部を奪われても、何もできない日本とは何なのか!? これがまともな独立国家であるはずはない。そして何よりも、終戦から七十年以上も、占領時代の軍事基地はほとんどそのまま、戦勝国のアメリカに支配され続けていることほど屈辱的なことはない。

私たちは今こそ、日本とは、日本文明とは何か、近代日本国家が果たしてきた途方もなく大きな文明史的な役割とは何であったのか、アメリカの軍事力に敗れはしたがあの大東亜戦争が果たした途方もなく大きな文明史的役割とは何であったのか、大東亜戦争はどのような背景で生起したのか、なぜ三一〇万もの同胞が死なねばならなかったのか、何のために若き特攻隊員たちが散華していったのか、日本を軍事占領したアメリカはどのような意図で日本を改造したのか、東京裁判および日本国憲法とは何なのか——こうした基本的な問題を改めて検証しながら、日本を滅亡の淵に誘う三つの壁の正体を暴き、それらの壁を打ち破って独立自尊の誇り高い国家を取り戻す方途を考えねばならない。

残された時間はほとんどない。たとえ現在が一見、平和で豊かな日常であるとしても、一寸先が闇であるかもしれないということに思いを馳せよう。〝茹《ゆ》でカエル〟のたとえは、決して他人事ではないのだ。

第二章　日本は独力で超大国と戦ってきた唯一の国

捏造された歴史の壁

――日本の軍国主義者たちは世界征服の共同謀議を重ね、アジア・太平洋地域を一方的に侵略し、三十万人の南京大虐殺や三光作戦（殺し尽くし、焼き尽くし、奪い尽くす）を行い、朝鮮人女性を二十万人も拉致して〝従軍慰安婦〟という名の性奴隷にするなど、悪逆非道の限りを尽くした。東京大空襲など各都市への無差別爆撃、広島・長崎への原爆投下も、卑劣な騙し討ちの真珠湾攻撃に対する当然の報いであり、犠牲を最小限に抑えて戦争を終わらせるためには、やむをえなかった。その責任は、戦争を仕掛けた日本側にある。

特攻などは犬死であり、戦争犯罪人であるA級戦犯を合祀している靖國神社に参拝することは、軍国主義を認めることになるため許しがたい。

日本人は、アメリカを中心とする連合国によって非人間的な軍国主義から解放され、はじめて民主主義と自由を与えられた。戦後の経済発展も、アメリカの恩恵によるものだ。

中華人民共和国は、日本軍国主義の残虐な軍隊を熾烈な戦闘を重ねて撃退し、勝利をおさめて建国された。北朝鮮、韓国も、全てを奪い尽くし搾取し尽くした日帝支配への抵抗運動、解放戦争の勝利の末に建国された――

戦後、学校教育とマスメディアによってこのように刷り込まれ、思い込まされてきた近現代史は、一から十まで全て捏造されたものである。

勝者による復讐、見せしめの茶番劇であった東京裁判とGHQの占領行政は、徹底した言論統制（三十項目にわたる報道規制、秘密裏になされた検閲、八千冊近い〝焚書〟）と、巧妙に仕組まれた洗脳工作（War Guilt Information Program＝日本人に戦争犯罪の罪意識を刷り込む計画）で、ファクトに基づく正しい歴史を簒奪し、凶悪な日本軍国主義者が戦争をはじめ、日本軍は残虐だったというデタラメの歴史観を捏造し、日本人に自虐史観を刷り込んだ。

GHQはこの東京裁判史観を固定化し、日本の再生復活を永遠に封じ込める装置として、被占領下の日本に現行憲法を強引に押し付けた。

言うことを聞かなければ天皇を戦犯に指名するぞと脅し、戦勝国が占領下の敗戦国の法体系を勝手に改変してはならないという、国際法（ハーグ陸戦条約四十三条）を踏みにじって。

民族・国家の歴史とは、単に政治や外交、軍事や科学技術、産業や生産システムの変遷史のことではない。それらを包含する文化、伝統、社会、世界観等を総体とする、かけがえのない軌跡のことである。とりわけ、世界最長の文明史的連続性を持つ我が日本においては、歴史とは、過去、現在、未来にわたる民族的な文化的遺伝子の継承発展史にほかならない。

歴史を奪われた民族・国家は滅びる――これは人類文明史の公理なのである。

先に述べたように、日本の再生復活を阻む第二の壁は、戦後体制を固定化することで日本の自主独立を阻んでいる、護憲左翼と拝米保守のポピュリズムの壁であるが、これは第一の壁と表裏一体のもので、日本民族・日本国家の覚醒、自主独立を妨げている。

極東国際軍事裁判（東京裁判）

アメリカは、はじめて真正面から立ち向かってきた有色人種で非キリスト教徒の日本民族の強さ、不屈の精神を再確認し、自ら犯した罪業の深さのゆえに、いつの日か復讐されるのではないかと怯え、自主独立国家としての日本の再生復活を許すまいとしてきた。

また、満身創痍となった日本に日ソ中立条約を破って襲いかかり、満洲や朝鮮で暴虐の限りを尽くし、国際条約を無視して捕虜となった日本兵と日本の民間人六〇万人（一説には一〇〇万人）以上を〝奴隷〟として拉致して極寒のシベリアや極暑の砂漠で酷使し、日本固有の領土を奪い取った火事場泥棒そのもののソ連（ロシア）も、日本軍によって覇権を確立することができた中共も、日本の自主独立を阻む立場はアメリカと同じである（日本軍と正面から戦ったのは、中華民国の蒋介石軍である。蒋介石の勢力を崩壊寸前に追い詰めた日本軍のおかげで戦後、中共は内戦に勝利することができたため、毛沢東は日本に感謝していたのである）。

蒋介石（左）と毛沢東（右）

さらに、特定失踪者を含む数百人の日本人同胞を拉致したうえ、核・ミサイルで日本を恫喝し続けるナラズモノ国家の北朝鮮、敗戦時には戦勝国きどりで日本人に対して暴虐の限りを尽くし、戦後も朝鮮戦争による荒廃と経済破綻を日本からの莫大な経済・技術援助で再建したにもかかわらず、日本固有の領土である竹島を不法占拠し、あまつさえ〝従軍慰安婦〟や〝徴用工〟などの歴史捏造で日本を貶めながらカネをむしり取ろうとする、卑劣きわまりない韓国も、日本が自主独立のまともな国家になることは不都合なのだ。

憲法前文に「平和を愛する諸国民の公正と信義に信頼して、われらの安全と生存を保持しようと決意した」とある。こうした日本を取り巻く餓狼のごとき国家が〝平和を愛する諸国民〟なのか、彼らに〝公正と信義〟の一片でもあるというのか!!

護憲平和主義を至上のものとして唱える国内の敗戦利得者や思考停止状態の周回遅れの左翼勢力は、こうした餓狼国家の走狗になり果てて、日本の自主独立を阻んでいる。

日本の再生復活、自主独立を阻むこうした壁を打ち破って自主憲法を制定し、真の独立国家にふさわしい強力な国軍を再建し、核の威嚇をはねつける核武装を急がねばならない。今こそ、核の脅威を免れるためにこそ核を持たねばならない、という逆説の痛みに耐える本物の理性と強靭な意志が必要なのだ。もし日本が一発でも核爆弾を開発・所有していたなら、アメリカは広島・長崎に原爆投下することはなかっただろう、と当時の米要人たちは異口同音に述懐している。情緒的な核アレルギーに訴える左翼反日勢力の護憲反核運動こそ、亡国への道である。

古来、独立自尊の気概を失った民族・国家は、滅びるしかなかったのである。

超大国「元」の侵略軍を撃退した鎌倉武士団

思い起こしてみよう。日本国家はこれまで四度も、それぞれの時代の超大国・大国と、ほとんど独力で真正面から戦った、世界で唯一の国家である。それも全て、歴史的な国難とも言うべきもので、いずれも祖国防衛戦争であった。戦った相手は、元帝国、清帝国、ロシア帝国、そしてアメリカ帝国である。元寇の呼称にならえば、清寇（日清戦争）、露寇（日露戦争）、米寇（大東亜戦争）である。そして今、第五の国難、〝中寇（中華人民共和国による脅威）〟が迫りつつある。

日本における、最初の国家存亡の危機は元寇であった。十三世紀、ユーラシア大陸に空前絶後の大帝国を築いた騎馬民族の蒙古勢は、日本に服属を迫ってきた。もし従わなければ武力に訴えるぞ、と脅迫しながら。鎌倉幕府はその無礼にひるまず、敢然と立ち向かった。

評論家のなかには、当時の指導者たちは世界情勢にうとい夜郎自大な島国根性のゆえに、危ない賭けに出たのだとさかしらに論評する者もいる。だが、一見、理性的なこうした見方は、

元寇（敵船に襲いかかる鎌倉武士）

いかにも戦後レジーム的な視点からのもので、賛同できない。もし、戦わずに元帝国の軍門にくだっていたら、高麗のように惨《みじ》めな結果をみただろう。そして日本文明は、滅びないまでも、歪んだものになっていたはずだ。

文永・弘安の二度にわたる強大な元寇を、勇猛果敢な鎌倉武士団は撃退した。そこには、「神風（台風）」の助けもあったが。だが、〝神風〟とは別に、我々はここに日本の歴史の妙《たえ》なる天祐を感じずにはいられない。

この時代が、自助自立の自作農の武士階級が権力を握る軍事封建制であったからこそ、国土防衛の気概と兵力動員が可能であったと考えられる。もし、平安時代の貴族支配が続いていたら、とてもこの国難を乗り切ることはできなかっただろう。「雅《みやび》」や「祈祷」では、しょせん物理的な「暴力」には抗し得ない。力には力で対抗するしかないのである。

なお、元の皇帝フビライに日本侵攻を勧め、実際に先導役となったのは元の属国、高麗であった。彼らの残忍さは、蹂躙された対馬や壱岐では今に至るも語り継がれている。「ムクリコクリ（＝モンゴル兵・高麗兵）が来るぞ！」と言えば、泣く子も黙るという。以来、地政学的な宿命とはいえ、朝鮮半島は今日まで一貫して、日本にとって疫病神的な存在であり続けている。

ここで特筆すべきは、この開闢《かいびゃく》以来の国難を乗りきった若きリーダー、執権北条時宗は、自ら開基となって建立した鎌倉の円覚寺で、敵味方の別なく、戦没した死者たちを供養したという事実である。ここだけではない。高野山には、慶長の役で戦没した朝鮮兵を含む供養塔がある。近くは、大東亜戦争で無差別爆撃の本土空襲を行い、日本軍によって撃墜されたB29の米パイロットを悼む碑も建立されている。こうした、敵の死者をも悼む営為は、日本文明ならではの秘めたるエピソードであり、欧米やシナ・朝鮮半島では考えられないことである。

老大国「清」を降した新生国民国家の日本

二番目の危機は、日本の安全保障に決定的に関わる朝鮮の帰趨を巡って、清国と戦った日清戦争である。当時の清国は、西欧列強に蚕食されはじめていたとはいえ、依然として人口四億の老大国であり（当時の日本の人口はおよそ、その十分の一）、〝眠れる獅子〟と恐れられていた。清の北洋艦隊は「定遠」「鎮遠」「威遠」「済遠」など当時最新鋭の巨大戦艦を擁し、おおかたの世界の見方では、小国日本に勝ち目はないというものだった。

ところが、いざ開戦となるや、世界の予想を裏切り、陸に海に、新生国民国家の日本は大国清に圧勝した。評論家の日下公人《くさかきみんど》氏は、日本の勝因を次のように的確に指摘している。

戦術的な話や兵器の話は措いて、本質的なことを言えば、たしかに清国は日本に何倍もする軍艦と大砲を持っていたが、彼らは西欧からそれを購入したのみで、新たに造ることも、使いこなすことも、修理することもできなかった。実際に戦闘時、清国の軍艦を操船していたのはイギリス人でボイラーを炊いて機関を動かしていたのはアメリカ人でモールス信号を打っていたのはドイツ人だったという。日本も開国当初は諸事〝お雇い外国人〟に頼りましたが、徐々に日本人自らが何でもできるようになった。日本人は劣位からスタートして優位に立つために必要なものは何かがわかっていた。清国とは「戦う気概」と「民度」において大きな差があったのです（日下公人・上島嘉郎『優位戦思考に学ぶ大東亜戦争「失敗の本質」』ＰＨＰ研究所）。

この引用文中にある、「劣位からスタートして優位に立つために必要なものは何か」を考え、それを獲得するために鋭意努力し、優位に立つ戦略を立案・実行する——日下公人氏の唱える「優位戦思考」こそ、日本再生のために不可欠なマインドであろう。

本筋に戻ると、明治二十八年（一八九五）、日本は下関講和会議で、朝鮮の清国からの独立、遼東半島と台湾の割譲、軍事賠償金二億両《テール》（約三億円）の支払いを清国に認めさせた。

しかし、飽くなき領土拡張欲のもとアジア大陸を侵略しながら南下し続けるロシアは、フランス、ドイツを誘って「東洋平和のため」との名目で、遼東半島を清に返せと迫ってきた。いわゆる三国干渉である。当時の日本にとって三国相手の戦いは到底、不可能のため、屈辱に耐えて遼東半島を返還すると、まもなくロシアは遼東半島の旅順と大連を租借した。それに連動するように、武力をもって、ドイツは膠州湾と青島を、イギリスは威海衛と九龍を、フランスは広州湾を、それぞれ租借した。

該博な文明批評家であった故渡部昇一氏は、この三国干渉を契機にシナの〝生体解剖〟がはじまった、悪質なヤクザにものを頼んだのと同じく、シナは列強から〝落とし前〟をつけさせられたのだ、と帝国主義時代の弱肉強食の実態を巧みに表現している（渡部昇一『「日本の歴史」第5

巻　明治篇　世界史に躍り出た日本』ワック）。
やがて、眠れる獅子は目覚めることなく息絶え、シナ大陸は混迷のるつぼとなり、その底なしのブラックホールに、日本は心ならずも吸い込まれていくことになる。

白人キリスト教文明の不敗神話を打ち砕いた日露戦争

三番目の危機は、日清戦争からちょうど十年後の、明治三十七年～三十八年（一九〇四～一九〇五）の日露戦争である。

膨張・南下し続けるロマノフ王朝の帝政ロシアは、満洲を占拠し、朝鮮半島に触手を伸ばしてきた。朝鮮は、七世紀の統一新羅の時代から中華帝国の属国であり続けたが、日清戦争に勝利した日本によって宗主国のくびきから解放され、初めて独立国となっていた。にもかかわらず、いつもの事大主義的な根性から、精強なロシアに擦り寄った。

朝鮮半島がロシアの手に落ちれば即、日本の安全は脅かされる。第二の元寇はなんとしても防がねばならない。しかし、帝政ロシアの国力、軍事力は日本の十倍近くもあり、鎧袖一触《がいしゅういっしょく》ロシアが楽勝すると世界中はみていた。それでも、座して亡国の憂き目を見るよりはと、伊藤博文ら日本のリーダーたちは、万全の準備と態勢で乾坤一擲《けんこんいってき》の勝負に臨んだ。

そして、奇跡は起こった。難攻不落にみえた旅順要塞を大きな犠牲を払って攻略した後、二〇三高地に重砲観測所を設け、本土の各地から取り寄せた制式海岸砲の二十八センチ榴弾砲で旅順港内に待避していたロシアの東洋艦隊を砲撃・撃破し、日本海海戦で日本の連合艦隊は、バルト海から遠征してきたバルチック艦隊を殲滅《せんめつ》した。世界の海戦史上かつてない、完璧な、

アレクセイ・クロパトキン

ニコライ二世

一方的な大勝であった。

また、陸戦での最終決戦の場となった奉天大会戦は、日ロ両軍で約六十万という史上まれな大兵力の対決であったが、数で劣る日本陸軍は世界最強を誇るロシア陸軍を敗走させた。

この戦いの前、開戦をひかえたロシアの満洲軍総司令官、A・クロパトキン陸軍大将は、「我がロシア兵の一人は、日本兵の三人に相当する」と、うそぶいていた。

ロシア皇帝ニコライ二世も、「黄色い子猿が朕に戦争をしかけるなどということは想像できない」と、日本をなめきっていた。

ちなみに、このニコライ二世は、日露戦争から十四年後の

一九一八年七月、家族と共にソビエト革命勢力に惨殺され、三〇〇年続いたロマノフ王朝は滅亡する。

日露戦争では、開戦前にあらかじめ敷設した海底ケーブル通信網、三六式無線電信機の開発、驚異的な威力の下瀬火薬の発明、高感度な伊集院信管の発明、革新的な艦隊編成と高い練度、無敵のコサック騎兵隊を最新兵器の機関銃で無力化した独創的な戦術、ロシア革命勢力を援助して国内騒乱を煽る諜報攪乱作戦、第三国によるロシア軍への支援や協力を封じた日英同盟等々、これらが一体となって勝利をもたらした。

だが、最も大きな勝因は、明治天皇から一般庶民まで、将軍から兵士まで、全日本人が一丸となって亡国の危機に立ち向かったことである。日本軍将兵は祖国防衛の任に就くことを名誉と考え、死を恐れず勇敢に戦った。明治日本の総力が結集されたのだ。

日露戦争における日本の勝利は、二十世紀劈頭の驚天動地の出来事だった。

人類進化上、白人に劣る有色人種であり、しかも非キリスト教徒という、未開な極東の小国が、強大な白人文明国に勝利するなどということは、神の名において、あってはならないことなのだ——独善的で傲慢不遜な白人キリスト教〝文明〟諸国は、新興近代国民国家の日本に警戒心を抱き、欧米人の間で黄禍論が高まった。

一方、日本の勝利に、帝政ロシアの脅威にさらされてきたオスマン・トルコ、属領としてその圧政に呻吟していたフィンランドやポーランドの国民たちは、我がことのように狂喜した。隣国ロシアの脅威にさらされていたスウェーデンの国民も、開戦当初から日本を熱烈に支持した。なかでも親日国のトルコは、ボスポラス海峡を封鎖してロシアの黒海艦隊の出撃を阻止し、陰ながら日本の勝利に貢献してくれた。そして、西欧列強の植民地となって搾取と屈辱の日々を送っていた世界中の有色人種は、日本の勝利に希望の光をみたのである。

日露戦争における日本の勝利は、十五世紀からはじまる白人キリスト教徒の世界支配が絶対的なものでないことを白日のもとにさらし、もはや有色人種で非キリスト教徒の極東の島国・日本を抜きに世界の秩序は決められないということを示した。明治維新から四十年も経たぬうちに、日本は世界の列強に名を連ねることになったのだ。それは、帝国主義のこの時代にあって、独立自尊の国家たらんと必死に奮闘してきたことの、自然な成り行きであった。

セオドア・ルーズベルト

アメリカ大統領セオドア・ルーズベルト（共和党）の仲裁でポーツマス条約が結ばれ、日露戦争は終結したが、アメリカはこの直後から、日本を打倒すべき仮想敵国の一つとして「オレンジ計画」

なるものを策定した。大東亜戦争が勃発したのは、日露戦争から三十六年後、ペリーが黒船を率いて来航してから八十八年後のことである。

人種差別に反対した日本、人種差別を続けたアメリカ

戦車、毒ガス、飛行機などの新兵器を動員する総力戦で悲惨を極め、膨大な死傷者を出した第一次世界大戦は、大正八年（一九一九）にベルサイユ条約が結ばれて、ようやく終結した。

ベルサイユ条約の調印

連合国側について参戦した日本は、米・英・仏・伊と並ぶ五大国の一つとして講和会議に出席した。この会議において、アメリカのウイルソン大統領の提案で史上初の国際組織として国際連盟が発足したが、当のアメリカは議会の反対で参加しなかった。日本は、唯一の非白人国として常設理事会の常設理事国となった。

文明史的に重要なことは、このパリ講和会議で日本が、国際連盟規約に人種差別撤廃を盛り込むことを提案したことである。投票の結果、十一対五で賛成多数だったが、議長役のウイルソンは

重要案件は全会一致を要するとして、議決の不採用を宣言した。

当時アメリカは、植民地にしたフィリピンで独立を企図する原住民約八十万人を片端から虐殺し、また本国では日本人移民の迫害が盛んに行われており、人種差別撤廃規定をのむわけにはいかなかったのである（アメリカ西部に移民した日本人は勤勉で優秀

ウッドロウ・ウイルソン

だったため、白人労働者の職を奪うとして激しい排斥運動が起こっていた）。
一九一三年、カリフォルニア州で排日土地法が制定され、日本人は土地の購入ができなくなった。一九二四年、日本人移民を全面的に禁止する排日移民法が制定された。
それだけではなく、大正十年（一九二一）には、ワシントン会議で主力艦削減において日本は不利な条件をのまされたうえ、二十年続いた日英同盟を廃棄させられた。アメリカはこうして執拗に日本を追い詰めていったのである。
昭和に入ると、世界恐慌が荒れ狂い、列強はそれぞれの植民地を囲い込むブロック経済圏を形成、それと並行して共産主義、国家社会主義、ファシズムが猛威を振るいはじめた。中国では排日運動が激しくなり、日本は、無主の地・満洲に「五族協和」「王道楽土」の理想の旗を高く掲げて、満洲国を建国した。

昭和十三年（一九三八）、近衛文麿首相は、日本、満洲、中国を含む地域で独自の経済圏をつくるという、東亜新秩序構想を発表した。長引く不況に悩むアメリカは、門戸開放、機会均等を唱えてこの近衛構想に反対し、公然と蒋介石を支援するようになり、翌年、日米通商航海条約の打ち切りを通告してきた。石油の大半をアメリカからの輸入に頼っていた日本にとって、これは宣戦布告に等しいものだった。

日本は、産油国のインドネシアを領有するオランダに石油の輸入を交渉したが断られたため、これに圧力をかけるべく日本軍は南部仏印に進駐する。一方のアメリカは、在米日本資産を凍結し、続いて対日石油輸出を全面禁輸した。

ソ連のスパイに囲まれていたルーズベルト大統領

昭和十六年（一九四一）七月、フランクリン・ルーズベルト大統領（民主党）は、大統領特別補佐官・中国担当のロークリン・カリーという男が中心になって作成した「JB - 三五五計画」にOKサインを出した。これは日本本土爆撃作戦計画であり、アメリカがB17爆撃機一五〇機を中国空軍に供与し、中国から東京や京阪神を爆撃させるというものだった。アメリカから供

フランクリン・ルーズベルト

コーデル・ハル

ハリー・ホワイト

与される爆撃機は中国軍を装い（「フライング・タイガー」と呼ばれていた）、実際に操縦するアメリカ陸海軍飛行士も派遣されていた。

たまたまイギリスでB17が必要になったために、そちらに爆撃機を回して作戦が遅れたが、イギリスに回していなければ、十月から十一月にかけて日本本土爆撃が行われていたはずだ。

昭和十六年十一月二十六日、アメリカのハル国務長官の名で「ハル・ノート」が突きつけられた。中国、インドシナから無条件に全面撤退せよという強硬な内容だった。これは最後通告であり、日本政府は対米開戦を決意せざるをえなかった。

ちなみに、ハル・ノートの原案「ホワイト試案」を作成したのはハリー・ホワイト財務次官補であり、その試案づくりに関わったのが、カリーとその盟友オーウェン・ラティモア（アメリカの中国学者で、戦時中は蒋介石の私的顧問となるなど、対中政策の形成に関与）であった。

ホワイトは、ソ連援助を目的とした武器貸与法の作成にも参画していたが、この三人はともにソ連のスパイであったことが「ヴェノナ文書」（戦時中から戦後にかけての在米ソ連スパイの交信記録。一九九五年に米政府が公開）で明かされている。

安全保障やインテリジェンスに詳しい評論家の江崎道朗氏によれば、この「ヴェノナ文書」の公開によって、当時の日本を追い詰めたルーズベルト民主党政権の内部にはソ連のスパイたちが潜み、ソ連に有利となるようにアメリカの外交政策を歪めてきたことが明らかになった。

先の大戦とその後の東西冷戦を振り返るとき、「二十世紀は、ソ連、特にコミンテルンのスパイたちとの戦争であった」という歴史観が浮上しており、アメリカの保守派は、「ルーズベルト民主党政権とコミンテルンの戦争責任を追求する」視点で、近現代史の見直しを進めているという（江崎道朗『コミンテルンの謀略と日本の敗戦』ＰＨＰ新書）。

日本でも、ソ連スパイのリヒャルト・ゾルゲ（「フランクフルター・ツァイトゥング」東京特派員・駐日ドイツ大使館情報官の肩書を持っていた）、このゾルゲに協力した尾崎秀実《ほつみ》（朝日新聞記者・内閣嘱託職員・満鉄調査部嘱託職員・近衛文麿政権のブレーン）が暗躍し、支那事変を泥沼化させた。さらに、日独両軍にソ連軍が挟撃されて二正面作戦を強いられないよう、日本を「南進論」に巧みに誘導した。

こうして追い詰められた日本は、昭和十六年十二月八日、真珠湾攻撃を敢行、米・英に宣戦布告をする。これが第四の国難、アメリカのフランクリン・ルーズベルト大統領が仕掛けてきた、先の大東亜戦争である。

敗れはしたが植民地解放をもたらした大東亜戦争

ルーズベルトの前任、第三十一代フーバー大統領はその回顧録のなかで、ルーズベルトは海外の戦争に参加しないことを公約に掲げて大統領に当選したにもかかわらず米国民を欺き、日本を追い詰めて第一撃を撃たせて不必要な戦争をはじめ、とんでもないスターリンのソ連を承認したうえ、膨大な援助によって強大化させた〝狂人〟であると糾弾している（加瀬英明・藤井厳喜・稲村公望・茂木弘道『日米戦争を起こしたのは誰か』勉誠出版／渡辺惣樹『誰が第二次世界大戦を起こしたのか』草思社）。

ハーバート・フーバー

ルーズベルト自身、社会主義に共感を持つと同時に、人種差別主義者であった。彼は、有色人種の日本の台頭を常々不快に思っていた。また、大不況克服の公共事業であるニューディール政策が失敗したため、軍需産業での景気回復を狙っていた。加えて、ナチス・ドイツの攻勢で風前の灯《ともしび》となっていたイギリスのチャーチル首相の強い要請で、参戦するためのテコとして、日本との開戦を誘導したのだ。

その結果、「リメンバー・パールハーバー!!」の呼び声は日本への憎悪を掻き立て、全ての米国人を一瞬にして戦争モードに切り替えた。

いずれにせよ大東亜戦争は、紛れもなく〝米寇〟に対する祖国防衛戦争であった。

この祖国防衛戦争には、いかんともしがたい国力の差から敗れてしまったが、我が国が立ち上がることによって、数百年にわたって白人列強の奴隷的支配下にあったアジア諸国に独立をもたらし、アジアのみならず全世界の白人キリスト教徒による残忍な植民地支配を終わらせる契機となったことにおいて、大東亜戦争は計り知れない文明史的な役割を果たしたと言えるだろう。

アメリカの黒人歴史学者ジェラルド・ホーン氏も、先の戦争は人種差別を巡る戦いであり、白人優越の世界を日本軍がはじめて変えた、と明言している（『人種戦争―レイス・ウォー　太平洋戦争もう一つの真実』藤田裕行訳、加瀬英明監修、祥伝社）。

もし、アメリカの武威に屈して戦わずにその軍門に下っていたら、二十一世紀の現在においても、植民地の解放はありえなかっただろう。そして我が日本は、いま以上に惨めなアメリカの植民地に成り下がっていたはずだ。極論すれば、その時をもって日本文明は終焉を迎えていただろう。

筆者は、大東亜戦争開戦の約三カ月前、御前会議の後で永野修身《おさみ》海軍軍令部総長の発した談話を、ここで想い起こす——

戦わざれば亡国と政府は判断されたが、戦うもまた亡国につながるやもしれぬ。しかし、戦わずして国滅びたる場合は、魂まで失った真の亡国である。しかして、最後の一兵まで戦うことによってのみ、死中に活を見出しうるであろう。戦ってよしんば勝たずとも、護国に徹した日本精神さえ残れば、我らの子孫は再三再起するであろう。

永野修身

海軍少佐・中佐時代にハーバード大学に留学し、アメリカの力を知り尽くしている永野修身海軍軍令部総長の、祈りにも似た悲痛な声を、我々日本人は忘れてはなるまい。

第三章　三島由紀夫はなぜ自刃せざるを得なかったのか

文化大革命で危機感を深めた三島

大東亜戦争の終戦から二十五年、今から五十年前の昭和四十五年（一九七〇）十一月二十五日に勃発した三島事件は、国内のみならず世界中を震撼させた。この日、ノーベル文学賞候補の世界的な文学者である三島由紀夫が、森田必勝ら「楯の会」会員四名と陸上自衛隊市ヶ谷駐屯地内東部方面総監部の総監室を訪れ、益田兼利総監を人質にして籠城した。楯の会の制服に身を固め、「七生報国」と書かれた日の丸の鉢巻きを締めた三島は、同じ装束の森田を引き連れてバルコニーに姿を現し、檄文を撒いて自衛隊員にクーデターの決起を促す演説をした。

だが、上空を旋回する報道陣のヘリコプターの騒音、自衛隊員たちの罵声や怒号で、彼の最期の叫びは、ほとんどかき消された。三島は総監室に戻り、皇居に向かって「天皇陛下万歳！」を三唱した後、割腹自殺した。三島を介錯した学生長の森田も、三島のあとを追うべく仲間の介錯で割腹自殺した。三島由紀夫享年四十五、森田必勝享年二十五であった。

昭和四十五年といえば、昭和期最長の「いざなぎ景気」のさなかにあり、大阪の千里丘陵でアジア初の万国博覧会が開催される一方、国連常任理事国の核独占体制を確定する核拡散防止条約（ＮＰＴ）が調印され、日米安全保障条約の改定を巡って全共闘らの学園紛争が過激化していた、熱い政治の季節でもあった。赤軍派学生による日航機「よど号」乗っ取り事件も勃発、この日本初のハイジャック事件に世間は騒然となった。

しかし、三島事件は、これらの左翼学生らによる騒擾事件もかすんでしまうほどの衝撃度をもっていた。

三島由紀夫

三島由紀夫は、作家として「仮面の告白」「潮騒」「金閣寺」「鹿鳴館」「鏡子の家」「憂国」「サド侯爵夫人」「豊饒の海」など話題作を次々と発表、また数多くの戯曲も手掛け、戦後文壇の寵児として常に脚光を浴びていた。特殊日本的な自然主義文学（私小説）

と対極にある芸術至上主義、華麗な文体で綴られる耽美の世界、強固な自我の論理的展開、精緻で技巧的な構成など、その手法と美意識は普遍性をもっており、その作品群は安部公房と並んで最も多く各国語に翻訳され、早くからノーベル文学賞の候補に名を連ねていた。

この三島事件の起こる四年前、昭和四十一年（一九六六）に、中国で文化大革命がはじまった。これは、表向きは封建文化や資本主義文化を一掃して新しい社会主義文化を生み出そうという改革運動であったが、その実態は、大躍進政策の失敗から実権を失っていた毛沢東が復権を目指して画策扇動した権力闘争であった。

毛沢東語録を手にした無知蒙昧な十代の紅衛兵たちが、「造反有理」「革命無罪」とばかり、知識人、作家、芸術家、教師、文化人、政治家、僧侶などを吊し上げ、暴行し、虐殺し、ときには〝罪人〟の肉で狂宴し、歴史的な仏教寺院や墳墓、仏像、彫刻、記念碑など、ありとあらゆる文化遺産を破壊し尽くした。こうした集団ヒステリーの惨劇が、十年間も繰り広げられた。

この世紀の愚行・狂気によって、国内の生産は停滞して餓死者が続出し、学校教育は行われず、貴重な文化財は失われ、中国の近代化は三十年ほども停滞したと言われている。一億人以上が何らかの被害を受け、二千万以上の人命が失われた。自己批判を強制されたあと虐殺され、迫害と屈辱に耐えかねて自殺し、あるいは餓死した人々である。

ところが、親中派の朝日新聞などは、文化大革命の想像を絶する惨状をいっさい報じなかったばかりか、このとんでもない集団狂気を称揚さえしていた。

一方、昭和四十二年（一九六七）二月二十八日、日本文壇の大御所的存在であった川端康成を筆頭に、安部公房、石川淳、三島由紀夫の四氏は帝国ホテルで記者会見を開き、連名で文化大革命に対する抗議声明を発表した。「学問芸術の自由の圧殺に抗議」し、「学問芸術を終局的には政治権力の具とするがごとき思考方法に一致して反対」する、と。この抗議文を起草したのは三島由紀夫であった。

三島はこの頃から、共産主義の間接侵略に対する危機感を深めていった。剣道やボクシング、ボディビルなどで虚弱な体質を改善し、自衛隊での厳しい体験入隊もはじめた。

はじめは財界の協力を得て大規模な民間防衛組織を構想したが、経団連の協力が得られず、規模を縮小して、反共民族派の学生たちを中心に「楯の会」を主宰することとなった。

「あとにつづく者」たらんとした三島

三島は死の約二年前に「反革命宣言」を発表している。なぜ〝三島事件〟なるものを決行せねばならなかったのかが、ここに明確に語られている。

われわれは、護るべき日本の文化・歴史・伝統の最後の保持者であり、最終の代表者であり、且つその精華であることを以て自ら任ずる。「よりよき未来社会」を暗示するあらゆる思想とわれわれは尖鋭に対立する。なぜなら未来のための行動は、文化の成熟を否定し、伝統の高貴を否定し、かけがえのない現在をして、すべて革命への過程に化せしめるからである。自分自らを歴史の化身とし、歴史の精華をここに具現し、伝統の美的形式を体現し、自らを最後の者とした行動原理こそ、神風特攻隊の行動原理であり、特攻隊員は「あとにつづく者あるを信ず」という遺書をのこした。「あとにつづく者あるを信ず」の思想こそ、「よりよき未来社会」の思想に真に論理的に対立するものである。なぜなら、「あとにつづく者」とは、これ亦、自らを最後の者と思い定めた行動者に他ならぬからである。有効性は問題ではない。

人類の戦争史において、大東亜戦争末期に敢行された〝特攻〟は、永遠に特筆されるだろう。思い起こせば、明治三十七年（一九〇四）、日露戦争における決死の旅順港閉塞作戦で部下の

爆弾三勇士

広瀬武夫

安否を気遣ったために敵弾に倒れた広瀬武夫少佐は、軍神第一号となった。

また、昭和七年（一九三二）の第一次上海事変において、爆弾を抱えた戦闘工兵三名が敵の鉄条網を爆破して突破口を切り開いたが、この三名は〝爆弾（肉弾）三勇士〟と呼ばれ、軍神として広く国民から尊崇された。

「軍神などは戦意高揚のプロパガンダに過ぎない」と言うのは簡単だ。だが、古今東西、肌の色や文化、文明の違いを問わず、自らが属する運命共同体を護るために自己犠牲を厭《いと》わなかった勇者たちは、みな軍神なのだ。

八百万の神々と共にある日本文明では、生死を超えた究極の利他行為で、人は神となる。

祖国日本の弥栄を祈って散華していった四千数百名の特攻隊員たちや、孤立無援の戦場で最期の突撃を敢行、玉砕した数多の将兵たちは、紛れもなく祖国を守護する神々になったのである。

この道理を三島は明晰に理解し、彼らを深く尊崇していた。「あとにつづく者あるを信ず」と書き残して散華していった若き特攻隊員の呼び声に、四半世紀を経て三島は応えようとしたのである。

出撃する神風特別攻撃隊（敷島隊）

三島の自刃は「壁」の前での〝憤死〟だった

三島は昭和四十年、数年前に発表した短編「憂国」を自ら脚色・監督・主演して映画化、翌四十一年には短編「英霊の聲」を発表、無念の想いを抱いて死んでいった二・二六事件の青年将校や特攻隊員たちへの深い共感を表現した。彼のなかでは、この青年将校たちと特攻隊員たちとは一筋の線上にあり、自らをその線上に位置づけようと意思したのである。

先の「反革命宣言」において、三島は宣言する。「われわれは強者の立場をとり、少数者から出発する。日本精神の清明、闊達、正直、道義的な高さはわれわれのものである。再び、有効性は問題ではない」と。「有効性は問題ではない」と、ここでも繰り返されている。

市ヶ谷台のバルコニーに立って自衛隊員たちにクーデターを促す演説をし、檄文を撒きながらも、万が一にも自衛隊の決起はないだろうと、はじめから三島は分かっていたのである。二・二六事件の青年将校たちも特攻隊員たちもそうであったように、三島も〝やむにやまれぬ大和魂〟に衝き動かされていたのだ。檄文は次のように自衛隊員たちに呼びかけている。

諸君に与えられた任務は、悲しいかな、最終的には日本からは来ないのだ。…国家百年の大計にかかはる核抑止条約は、あたかもかつての五・五・三の不平等条約の再現であることは明らかであるにもかかはらず、抗議して腹を切るジェネラル一人、自衛隊からは出なかった。沖縄返還とは何か? 本土の防衛責任とは何か? アメリカは真の日本の自主的軍隊が日本の国土を守ることを喜ばないのは自明である。あと二年(二年後に沖縄が本土復帰：筆者註)の内に自主性を回復せねば、左派のいふ如く、自衛隊は永遠にアメリカの傭兵として終るであらう。

日米安保と抱き合わせで形式的に独立した日本が、いつまでもアメリカの保護領、属国であることは、〝護るべき日本の文化・歴史・伝統の最後の保持者であり、最終の代表者であり、且つその精華であることを以て自ら任ず〟る三島には耐えがたかったのである。

三島にとって、行動の根拠は天皇であった。彼は「反革命宣言補註」で、天皇を次のように規定している。「いかなる政治権力の象徴でもなく、それは一つの鏡のように、日本の文化の全体性と連続性を映しだすもの」と。そして、行動の終局目標は「天皇の護持であり、その天皇を終局的に否定するような政治勢力を、粉砕し、撃破し去ること」でなければならないとしている。

天皇を日本文化の全体性と連続性を映しだす鏡として捉える三島の思想を否定することはできない。それは、日本が日本であるための原理にほかならないからだ。

三島は死の約五カ月前、正確には昭和四十五年七月七日のサンケイ新聞夕刊に「果たし得ていない約束　―私の中の二十五年」と題する文章を寄せている。戦後日本と、そのなかに生きてきた己自身に対するこの総括は、悔恨と失意、救いのない絶望のつぶやきであった。

戦後民主主義の虚妄と偽善を追及し、「こんな偽善と詐術は、アメリカの占領と共に終わるだろう、と考えていた私はずいぶん甘かった。おどろくべきことには、日本人は自ら進んで、それを自分の体質とすることを選んだのである。政治も、経済も、社会も、文化ですら」と斬り、返す刀で自らをも断罪する。重要な「約束」をまだ果たしていないという思いに、日夜責められている、と。

その「約束」とは、特攻隊員の「あとにつづく者」になるということだ。三島は言う。

その約束を果たすためなら文学なんかどうでもいい、という考えが時折頭をかすめる。これも「男の意地」であろうが、それほど否定してきた戦後民主主義の時代二十五年間を、否定しながらそこから利得を得、のうのうと暮らして来たということは、私の久しい心の傷になっている。

既に死を覚悟していた三島の、正直な告白である。この寄稿文は次のように締めくくられている。五十年後の今日の状況を、見事に予言しているではないか。

私はこれからの日本に大して希望をつなぐことができない。このまま行ったら「日本」はなくなってしまうのではないかという感を日ましに深くする。日本はなくなって、その代わりに、無機的な、からっぽな、ニュートラルな、中間色の、富裕な、抜け目がない、或る経済的大国が極東の一角に残るのであろう。それでもいいと思っている人たちと、私は口をきく気にもならなくなっているのである。

三島の「それでもいいと思っている人たち」とは、筆者の言う、「三つの壁」の存在にさえ気づかぬ知的怠慢ないしは思考停止の平和ボケ、気づかぬふりをしている確信犯的な敗戦利得者、あるいは日本の再生復活を阻もうとする反日売国勢力の走狗たちのことである。

三島の文学と死を巡って、これまで多くの人たちがさまざまな解釈をしてきたが、筆者はこのように捉えている。こよなく日本を愛した天才的な芸術家、三島由紀夫は、日本の自主独立を阻む「三つの壁」の前で〝憤死〟したのだ、と。

三島の亡霊が川端康成を死に誘った⁉

三島由紀夫の類《たぐい》まれな才能を知り、彼を戦後の文壇に迎え入れたのは川端康成である。三島は川端を恩人として終生敬愛していた。文学上の方法や立ち位置は違っていたが、二人は師弟であるとともに、文学上の盟友でもあった。

昭和四十三年、川端が日本人初のノーベル文学賞を受賞したとき、三島は我がことのように喜び祝福した。

川端には多くの名作があるが、ノーベル文学賞の対象作品となったのは「雪国」「千羽鶴」、短編の「水月」「ほくろの手紙」などであった。受賞理由は「日本人の心の精髄を、すぐれた感受性をもって表現、世界の人々に深い感銘を与えた」というものだった。

川端は戦前、関東軍の招待などもあって、たびたび満洲に渡航、現地の作家たちと交流し『満洲国各民族創作選集』（創元社から刊行）を編集した。

挙国一致体制下の戦時中は、日本文学報国会の派遣作家となって活動した。日本の敗色が濃くなった昭和二十年四月には、少佐待遇の海軍報道班員となり、山岡荘八らと共に鹿児島鹿屋航空基地に一カ月間滞在して、昼夜を問わぬ空襲のなか、特別攻撃隊の雷神部隊を取材している。

三島由紀夫（左）と川端康成（右）

国家の危急存亡の秋《とき》に、川端は日本人として当然の務めを果たしたに過ぎないのだが、敗戦によって形勢が逆転し、我が世の春と威張りだした売国的左翼文士らに、〝戦犯文士〟呼ばわりされたのだった。

三島は、死の約一年前の昭和四十四年十月、翌月に予定していた楯の会の一周年記念式典に臨席し祝辞を賜わりたいと鎌倉の川端宅を訪ねたが、にべもなく断られてしまった。このとき、無残なほどに三島は意気消沈した、と伝えられている。

敗戦を境に、「あわれな日本の美しさのほかのことは一行も書こうとは思わない」と心に決めていた川端は、楯の会を激励することに二の足を踏んだのだ。

三島事件の当日、たまたま上京していた川端は、事件を知って市ヶ谷台に急行したが、警察の制止で三島の遺体と対面することは叶わなかった。三島の自刃は川端にとってあまりにも衝撃的なものであり、しばらくのあいだ寝込むほどであった。

三島の死から約二カ月後、川端が葬儀委員長になって、三島の本葬が築地本願寺で盛大に挙行された。

川端は、この三島の死を契機に、現実の政治や政治思想と無縁に文学的な営為を続けることに対し、疑問を抱くようになったようだ。というのも、翌昭和四十六年、左翼ポピュリストの美濃部亮吉による〝革新〟都政を倒すべく、元警視総監の秦野章が都知事選に立候補すると、川端は無償でその応援弁士を買って出た。残念ながら秦野は敗れ、人気取りの放漫財政を続ける美濃部が続投することとなり、都は赤字財政に陥る。

その翌年の昭和四十七年四月十六日、川端康成は、仕事部屋にしていた逗子のマンションでガス自殺する。遺書はなかった。享年七十三。

死因はあれこれと取りざたされたが、家族やお手伝いの証言によれば、そのころ川端は、しばしば三島の亡霊にとりつかれ、「やあ、三島君、よく来てくれましたね」とか「実は、あのときは……」などと、そこに三島が立っているかのごとく虚空を凝視し、意味不明の言葉をつぶやいていたという。繊細で、研ぎ澄まされた感受性の持ち主であった川端には、三島の姿がはっきりと見えていたのであろう。

「壁」の前で疲れ果て、自死を選んだ江藤淳と西部邁

日米安保条約の自動延長を阻止しようとする全共闘や新左翼諸派の過激な学生運動、いわゆる七十年安保騒動を「革命ごっこ」、三島由紀夫の楯の会活動を「兵隊ごっこ」と冷笑したのは、文芸評論家の江藤淳であった。

しかし江藤淳は、ただ冷笑していただけではなかった。

江藤は、三島自刃の十年後、日本占領中にＧＨＱが行った新聞、雑誌等の検閲の実態を明らかにするため、国際交流基金の派遣研究員として米ワシントン市のウイルソン研究所に赴いた。彼は、米国立公文書館、合衆国議会図書館、マッカーサー記念館などに収蔵されている膨大な関係文書のなかから、ＧＨＱの言論統制と洗脳などに関する歴史資料を発掘した。その全容は

『閉された言語空間　占領軍の検閲と戦後日本』（文藝春秋）に余すところなく収録されている。

秘密裏に行われた検閲、三十項目にわたる報道規制、日本人を狂わせた各種洗脳工作、戦争の罪悪感を日本人の心に刷り込んだウォー・ギルト・インフォメーション・プログラム（WGIP）などを実証的に明らかにした功績は、非常に大きかった。

にもかかわらず、同書は当初、それほど注目されることはなかった。単行本として刊行されたのは平成元年であったが、刷り込まれた洗脳による〝閉ざされた言語空間〟が、依然として日本を覆っていたからである。その状況は、戦後七十余年が経った現在も、ほとんど変わっていない。

戦後日本を代表する硬骨の文芸評論家江藤淳は、前年にガンで逝った夫人の後を追うように平成十一年、鎌倉の自宅において剃刀《かみそり》で手首を切って自殺した。

「心身の不自由が進み、病苦が堪え難し。去る六月十日、脳梗塞の発作に遭いし以来の江藤淳は、形骸に過ぎず、自ら処決して形骸を断ずる所以《ゆえん》なり。乞う、諸君よ、これを諒とせられよ。平成十一年七月二十一日　江藤淳」との遺書を残して。享年六十七。

江藤の死からおよそ十九年後となる平成三十年（二〇一八）一月二十一日、「はじめに」で触れたように、保守の論客西部邁が多摩川に入水自殺した。

三島由紀夫は立ちはだかる「壁」の前で〝憤死〟し、江藤淳と西部邁は壁の前で疲れ果てて自死を選んだ、と言えるだろう。

彼らを死に追い込んだ「壁」は、今なお厳然と我々の前に立ち塞がっている。祖国日本の再生復活を阻む三つの壁を突き破って、独立自尊の日本国家を取り戻さぬ限り、彼らの魂はいつまでも、矇《くら》い冥府をさまよい続けることだろう。

第四章　戦後日本の対米隷属経済の実相

ＧＨＱによる経済民主化の真の狙いは、日本の弱体化

戦後一貫して三つの壁が立ち塞がり、祖国日本の再生復活を阻んできた。

繰り返すが、第一の壁は、大東亜戦争の戦勝国と反日国家、それらの走狗となっている国内の反日売国勢力によって捏造された歴史の壁である。

第二の壁は、第一の壁と表裏一体のもので、戦後体制を固定化することで日本の自主独立を阻んでいる護憲左翼と拝米エセ保守らの思考停止の愚者の壁である。

そして第三の壁は、日本文明を破壊しながら収奪を計る、強大な国際金融資本の壁である。

この、顔の見えない国際金融資本こそ、アメリカを実質的に支配している〝ディープ・ステート〟と呼ばれるものの中核であり、彼らはグローバリズムの仮面に隠れて、世界中の人々を搾取し続けている。

この第三の壁に関して、拝米保守派の多くは、我が国の戦後復興とその後の経済発展はアメリカの善意と恩恵によるものだと信じているようだが、これは大いなる錯覚である。こうした錯覚からは、日本の再生復活を阻む第三の壁の存在は見えてこない。

ここでは、主としてこの第三の壁を、歴史的にフォーカスするものである。戦後の日本経済の歩みを日米関係を通して概観することで、〝壁〟が否応なく見えてくるはずである。

他の有色人種にはない高度な科学技術力と自己犠牲を厭わない愛国心、精神性をもつ日本人の日本国家を解体し、二度とアメリカに歯向かうことができないように東南アジア諸国並みの農業国に留め置くことが、当初のアメリカ政府とGHQの対日占領政策であった。敗戦国日本に君臨した連合国軍最高司令官マッカーサーは、「日本経済の復興、強化に対して、何らの責任を負うに及ばず」と本国政府から訓令を受けていた。

ダグラス・マッカーサー

だが、進駐軍を解放軍と勘違いした愚かな日本共産党の革命運動が激化するなかで、それを阻止する環境整備の必要性から、廃墟に飢える日本人を見殺しにできず、進駐軍は種々の〝恩恵〟を与えた。アメリカ本国では家畜の餌であった脱脂粉乳を恩着せがましく学校給食に供したり（同じ敗戦国でも、白人国家の西ドイツには、まともな食糧を支援した）、「ララ物資」を恵んだり。

ちなみに、この「ララ物資」とは、昭和二十一年十一月から独立後の二十七年六月まで、食糧、衣料、医薬品など、当時の金で合計四〇〇億円にも及ぶ膨大なものであり、これらは南北アメリカ大陸在住の日系人の寄付によるものだった。しかし、物資配布に当たって〝進駐軍〟はこの事実を隠し、アメリカからの善意の援助物資と触れ込んでいた。

終戦直後の、国際法を無視した米軍の執拗な無差別爆撃によって社会インフラ、生産施設等が壊滅的な状況となったなかで、ハイパー・インフレの嵐が吹き荒れたわけだが、ＧＨＱに強要された耐えがたいほどの〝終戦処理費〟が、その主たる要因であることは意外に知られていない。ここで言う終戦処理費とは、進駐軍の兵舎の建設、それに必要な不動産の確保、工事資材や燃料の調達、労働者の人件費、各種施設の維持管理費などだが、住む家もなく飢えに苦しむ日本人が無数にいるなかで、進駐軍専用のゴルフ場、将官のための豪邸等の建設から高価なお土産《みやげ》品の調達まで、この終戦処理費に含まれていた。昭和二十一年、二十二年には、日本の国家予算に占めるこうした終戦処理費の割合が、三〇パーセントを超えていた。昭和二十一年、第一次吉田茂内閣の大蔵大臣に就任した石橋湛山《たんざん》は、GHQに巨額負担の減額を要求したため、翌年、公職追放されてしまった。

GHQによる経済民主化の諸改革、財閥解体、農地改革、労働組合の育成などは、ニューディール派の意向が反映されてはいたが、基本的には日本企業の競争力を殺《そ》ぐことが目的であった。ところが、そうした彼らの意図とは関係なく、結果的に質の高い労働力を生み出し、その旺盛な消費によって後の高度経済成長を担う、大量の中流階層の出現に繋がった。

その後、米ソ冷戦の激化に伴って、日本を米側に繋ぎとめておくために当初の占領政策が変更され、日本の経済再建にアメリカが本格的に関与し、ドッジ・ラインによって戦後のインフレを収束させ、一ドル三六〇円という単一為替レートを設定した。また、強権的なシャウプ税制で資本の蓄積が可能となり、経済再建の基礎固めがなされた。

この固定為替レートは、昭和四十六年の夏まで二十二年間も続き、これが日本の輸出競争力の基盤となった。そして、それが昭和三十年代からの高度経済成長に繋がったことは確かである。だが、彼らはまさか、自分たちの産業を脅かすほど日本経済が成長するとは、夢想だにしていなかったはずであり、つまりこれは、アメリカの〝恩恵〟などではなく、アメリカの〝都合の結果〟であった。

日本が戦後復興を果たす契機となったのは朝鮮戦争による特需だが、日本は朝鮮半島に出撃する米軍の軍事基地、後方補給基地の役割を担ったわけで、この特需もアメリカの〝恩恵〟ではない。冷戦下でのアメリカの世界戦略に組み込まれた〝結果〟に過ぎない。確かに日本は、冷戦構造のなかでの受益国ではあったが。

誇りなき商人国家への道を方向づけた吉田茂

朝鮮戦争中の昭和二十六年（一九五一）九月、日本はサンフランシスコ講和条約で一応独立するが、同時に日米安保条約が結ばれ、日本列島における米軍基地はそのままで、戦争放棄・交戦権否認の〝米製〟憲法と相まって、実態的には米保護領となった。

このとき吉田茂首相は、独立を機に自主憲法を制定しようとの心ある人々の期待を裏切り、国家主権の柱である安全保障をアメリカに委《ゆだ》ね、誇りなき商人国家への道を選択した。

戦時中の軍部の専横や、一時期特高（特別高等警察）に拘束されたことなどが軍に対するトラウマとなっていたのかもしれないが、日本人としての誇りと確固たる国家観をもっていれば、このような選択はありえなかったはずである。彼はしょせん、親英米派の一外務官僚に過ぎなかったということだ。

後に「吉田ドクトリン」と呼ばれる軽武装・経済重視政策は、朝鮮戦争やベトナム戦争に米軍の傭兵として駆り出されることなく、ひたすら経済成長路線をまっしぐらに突き進み、経済大国を生み出したと経済評論家の多くは肯定的に評価する。だが、果たしてそうだろうか？ そもそも自主憲法に、直接的な侵略を受けない限り外国での交戦は行わない、と明記すればすむことだ。

吉田茂

吉田ドクトリンは、「(このまま行ったら) 日本はなくなって、その代わりに、無機的な、からっぽな、…或る経済大国が極東の一角に残るのであろう」と三島由紀夫が予言したとおりの日本に導いた。日本をアメリカの保護領あるいは属国に方向づけた吉田茂の歴史的な評価は、当然、厳しいものにならざるを得ない。

吉田だけではない。戦後ほとんどの期間において政権与党であった自民党の不作為、あるいは怠惰の罪は免れない。自民党は主権回復のための憲法改正を党是としながら、今日に至るも、その使命と責任を果たしていない。

ナラズモノ国家の北朝鮮に数百人もの同胞が拉致されても奪還できず、日本固有の領土である竹島を韓国に奪われ、今また、尖閣諸島が中国共産党独裁政権に奪われようとしているのに。しかも、この反日ファシズム国家・中共に、これまで四兆円近い「ＯＤＡ」（政府開発援助）と、「ほとんど贈与に近い…実際には『援助』の一種」（古森義久『ＯＤＡ幻想　対中国政策の大失態』海竜社）であった「資源ローン」をあわせて七兆三千億円も供与し、彼らの野放図な軍拡に手を貸してきた。この不条理な闇のなかに蠢《うごめ》く親中・媚中議員や官僚たちは、キックバックに釣られた許しがたい売国奴である。

ともあれ日本は、アメリカの〝保護〟のもと、ひたすら商人国家の道をひた走り、世界の奇跡と謳われた高度経済成長を成し遂げる。六十年安保改定を巡る熱い政治の季節は終わり、所得倍増計画を前倒しで完遂し、昭和三十九年（一九六四）には、世界初の超高速鉄道・新幹線を走らせ、アジア初の東京五輪を成功させた。

昭和三十年代の第一次高度成長をもたらしたものは、近代化投資であり、その原動力は絶えざる技術革新であった。昭和三十年はＧＡＴＴ（関税貿易一般協定）に、三十一年には国際連合に加盟する。オリンピックを開催した昭和三十九年にはＩＭＦ（国際通貨基金）八条国となり、本格的な開放体制に移行する。続いて、ＯＥＣＤ（経済協力開発機構）に加盟して、名実ともに先進国グループへの仲間入りを果たした。

昭和四十年代の前半は、五十七カ月も続いた「いざなぎ景気」に沸いた。昭和四十三年（一九六八）、明治百年に当たるこの年、日本はアメリカに次いでGDP世界第二位の経済大国となる。二年後の昭和四十五年には、アジア初の万国博覧会が大阪で盛大に開催された。

日米貿易摩擦とプラザ合意

一方アメリカは、十年に及ぶベトナム戦争の泥沼にはまりこんで国力は疲弊し、昭和四十六年（一九七一）には八十年ぶりに貿易収支が赤字に転落、金準備は減少し続け、ニクソン大統領は突然、ドル防衛策を宣言する。いわゆるドル・ショックである。ドル紙幣と金の兌換《だかん》を停止したわけだ。戦後続いてきたブレトン・ウッズ体制（ドルを世界の基軸通貨とする、金本位制のもとでの固定相場制）が崩壊し、以後、変動相場制に移行する。

リチャード・ニクソン

これを機に、日本の高度成長は終末期に入る。さらにニクソン大統領は、日本の頭ごしに訪中して共産党独裁政権の中国と国交回復し、中華人民共和国は中華民国（台湾）に代わって国連に加盟し、常任理事国の地位につく。

変動相場制という荒海に漕ぎ出した日本丸は、省資源・省エネルギーの産業構造に転換しながら、二次にわたるオイルショック（昭和四十八年・五十三年〜五十四年）を乗り切り、安定成長期に入った。

昭和五十年代は、ソフト化、サービス化が進むと同時に、金融の自由化、国際化が進展した時代であった。モノづくりにかける日本人の情熱と絶えざる技術革新によって、安価で良質な日本製品が、最大市場であるアメリカを圧倒した。ここに貿易摩擦が発生する。

繊維製品にはじまり、鉄鋼製品、カラーテレビ、ＶＴＲなどの電化製品、自動車、半導体、農産物等々、時代によって〝日本叩き〟のターゲットは変わるが、いつも日本側は、輸出の自己規制という形で米側に押し切られてきた。

日米貿易摩擦の原因と背景は、アメリカの金・ドル交換停止にあった。アメリカだけが金の裏付けなしにドル札をいくらでも印刷できる特権を持っており、打ち出の小槌の輪転機を回しさえすれば膨大な軍事費を生み出すことができ、また貿易収支を気にする必要もなくなり、ドルを垂れ流すことになった。その結果、財政赤字と貿易赤字の、いわゆる〝双子の赤字〟が発生する。

アメリカは、モノづくりにおける自己の怠慢と無能を棚に上げて、自らの貿易赤字を日本市場の閉鎖性や内需不足のせいだとして、責任を日本に転化した。事実上アメリカの属国である日本は、こうしたアメリカの無理難題に、いつも屈するしかなかった。

昭和六十年（一九八五）、先進五カ国蔵相中央銀行総裁会議（G5）において、歴史的な「プラザ合意」がなされた。アメリカの膨大な財政赤字とドル高による産業空洞化を是正するため、①ドルを安定的に切り下げる、②日独が内需拡大策をとって世界の景気を牽引する、ということが決められた。

このプラザ合意後、世界最大の債権国であり資本供給国である日本は、円高不況を短期間に克服しながらドル暴落を防ぐために低金利を長期間維持し、日銀によるドル買い介入が続けられた。その結果、日銀のベースマネー供給を背景に、バブルが発生する。

アメリカの都合で変えられる日本の経済構造

プラザ合意後も、日本の貿易黒字・経常黒字は増える一方であった。そこで、アメリカが仕掛けてきたのが「日米構造協議」である。これは完全な主権侵害で、アメリカの利益のために日本の経済構造そのものを変えようとするものだった。

この〝協議〟は平成二年（一九九〇）に最終合意に至るが、日本側は十年間に四三〇兆円（実際は六三〇兆円）の公共投資、大規模小売店舗法の改正、「系列」「談合」といった日本特有の企業構造や商習慣の廃止、企業の情報開示などが約束させられた。

この、膨大な公共投資の〝強要〟について、衆議院議員の長尾たかし氏は、ウェブサイトで次のように怒りを表明した。

「要は技術立国日本を確立するための予算を公共事業へ投じてしまったのである。お陰で日本のお家芸である技術開発が国際的に遅れをとってしまった。それどころか、情報ハイウェイ構想、ヒトゲノムがアメリカにパクられてしまったのである。そして、日本は完全に国際競争力を失ってしまった。… 〝21世紀へのモノづくりを封印〟し、〝旧態依然のモノづくりに日本を封じ込める〟アメリカのやり方が許せなかった」と。

この、アメリカにとっての〝日本改造プログラム〟である「日米構造協議」は、平成五年（一九九三）から「日米包括経済協議」と名を変えて続き、平成六年からは日本経済の構造をアメリカがさらに支配しやすいように指示・誘導する「年次改革要望書」となる。

日本の経済植民地化を加速させた、この「年次改革要望書」は、平成五年七月の宮澤喜一首相とクリントン大統領との会談で決まったものである。

ビル・クリントンと宮澤喜一

日本企業の強さの根幹であり、幅広い中流階層を支えていた終身雇用制や年功序列賃金制を破壊し、非正規雇用社員（派遣社員）を増やして人件費の節約と解雇を容易にするために「労働者派遣法」が制定されたのも、同じくアメリカからの〝改革要望〟によるものだった。

これはまさに、強欲な株主資本主義によって収奪効率を高めようとするアメリカ（国際金融資本）の圧力に屈したものであり、アメリカ同様の、忌《い》むべき格差社会をもたらした。

日本はアメリカの金融奴隷なのか

平成十七年（二〇〇五）、小泉純一郎首相は、念願の郵政民営化六法案を成立させた。卑屈なまでにアメリカに迎合する彼は、アメリカを実質的に支配しているウォール街の国際金融資本のエージェントの役割を果たした。彼は、ポピュリズムの極致とも言うべきワンフレーズ・ポリティクスと劇場型演出で、芸人さながらの人気を博していたが、実は、郵政民営化の要求は、十年も前のクリントン時代から執拗に繰り返されてきたものだった。

これについて、元衆議院議員の小林興起氏は平成十八年に刊行した『主権在米経済「郵政米営化」戦記』（光文社）で、「郵政民営化は太平洋戦争敗戦以来の日本国最大の敗戦」であり、「郵政民営化に続く、アメリカの〝占領政策〟の次の手は、日本の健康保険制度（医療制度）を破壊することである」と述べている。

小林氏は同書のなかで、次のような重要な指摘もしている。

「現在、日米の長期金利の差は、日本がゼロ金利政策を続けてきたため、なんと3％以上もある。ということは、この金利差を利用して、日本で安い円を調達し、これをアメリカに持ち帰って運用すれば、ほぼリスクなしに儲けられる。現在、日本の株価は上昇しているが、これは外資が円で得た資金を日本で逆運用していることが大きいのだ。こうした外資による〝キャリートレード〟はいまや日常茶飯事で、日本国民が稼いだおカネは際限なく流出している。

この先、新会社法の施行で、今度はM&Aをし放題になり、さらに現行の郵政民営化で巨額の資金が市場を通してアメリカに流れるのだから、日本の構造はアメリカに富を貢ぐシステムになったと言っても過言ではない。まさに、日本は史上最大の〝貢献国〟となったのである。つまり、現在の日本経済は〝主権在米経済〟なのである」と。

そして小林氏は、日米関係は〝世界でいちばん重要な二国関係〟と言いながら、実態は主人と奴隷の〝収奪関係〟にすぎない、と怒りを込めて記している。

同じく石原慎太郎氏も、「日本経済はアメリカに纏足された妾」であり、「日本も東アジアもアメリカに使役される金融奴隷」だと語っている（石原慎太郎『宣戦布告「NO」と言える日本経済　アメリカの金融奴隷からの解放』光文社）。

換金できない米国債を一二〇兆円もかかえる日本政府

先の「年次改革要望書」は、日米双方が相手に提出することになっていたが、実際にはほとんど一方通行であり、日本側の要望は無視されてきた。こうした不公平に異議を申し立てた民主党・鳩山由紀夫内閣時代に「日米規制改革委員会」が廃止され、「年次改革要望書」の交換はなくなったが、「日米経済調和対話」と巧妙に名を変えて、今日もこの仕組みは続いている。

平成元年（一九八九）、「ベルリンの壁」の撤去がはじまり、翌年ドイツは統一され、平成三年（一九九一）にはワルシャワ条約機構が解体、ソ連邦が消滅して、米ソ冷戦はアメリカの勝利という形で終息する。

そして、唯一の覇権国となったアメリカは、日本とドイツを〝経済戦争〟の新たな標的と定めた。NSA（アメリカ安全保障局）が中心となって運営する軍事通信傍受システム「エシュロン」は世界各地に存在するが、これは史上最強の盗聴機関であり、日本には三沢の米軍基地内にあって、軍事無線、固定電話、携帯電話、光ファイバー利用の有線放送などを二十四時間、盗聴している。ここで盗聴された膨大な情報は、集積、分類、分析され、完璧な産業・企業スパイとして威力を発揮している。

ダンピング提訴、日米企業間の受注競争、各種の訴訟、経済摩擦を巡る日米交渉などで、アメリカ側がいつも優位に立っているのは、このエシュロンを利用しているからである。さらに、独立志向の強い政治家、学者、文化人などの弱みを握るためにも、この盗聴機関はフル稼働し、彼らの個人情報は筒抜けとなっている。

先のプラザ合意後の円高不況を和らげるため、日本政府は内需主導型の経済成長を目指した。公共投資拡大の積極財政をとり、日銀は公定歩合を引き下げる金融緩和を続けた。こうして生まれたのが、バブル景気である。

このバブル景気は平成三年（一九九一）の早春から崩壊し、バブルの反動によるデフレーションに向かい、ここからいわゆる〝失われた二十年（三十年）〟に入っていく。

毎年、建設国債、赤字国債、財政投融資特別会計国債、借換国債などが発行され、これらが年々膨らみ、平成三十一年度末の国および地方の長期債務残高は約一一二二兆円、対GDP比一九八パーセントという、世界一の国債大国となってしまった。これも、内需拡大を迫るアメリカの圧力によるものである。

もう一つ、アメリカとの経済関係で看過できないのは、日本政府による膨大な米国債の保有である。アメリカへの配慮から事実上売却できない米国債が、令和元年（二〇一九）七月末現在、約一二〇兆円にものぼる。この額は世界一であり、日本政府による外為市場でのドル買い=円売り介入の結果である。専門家の間では、日本政府は数十兆円もの為替差損を抱えているとも言われている。

いずれにせよ、もしアメリカがデフォルト（債務不履行）に陥れば、膨大な米国債は、ただの紙くずとなる。日本がアメリカの金融奴隷である象徴的な姿が、ここにある。

TPPの受益者は強大な国際金融資本

そして現在、報道等では、やや下火になったものの、TPP（環太平洋戦略的経済連携協定）

が大きな国家的課題となっている。確かに、対中経済包囲網としての戦略的な意味はあるものの、このＴＰＰこそ一歩間違えると、第三の壁「日本文明を破壊しながら収奪を計る強大な国際金融資本の壁」の完成となりかねない。幸い、トランプ大統領はＴＰＰからの離脱を宣言したが、なぜか日本政府は異常なほどに執心している。

そもそもこれは平成二十二年、横浜でのアジア太平洋経済協力会議（ＡＰＥＣ）最高経営責任者サミットで、当時の菅直人首相がＴＰＰの交渉参加に向けて関係国との協議を開始すると表明したことにはじまる。彼は、ＴＰＰに参加することが第三の開国だとか平成の開国だとか、先見性を誇るかのごとく得意満面であったが、関税自主権を放棄し、国際金融資本に隷属することになるＴＰＰの本質的な構造、危険な罠《わな》を、全く理解していなかったようだ。さらには安倍晋三首相も「国内の人口減少を乗り越え、日本経済が中長期的に力強く成長していく基礎となる」と衆院本会議でＴＰＰの意義を強調し、政府はＴＰＰが現実化したら約八十万人の雇用が創出され、ＧＤＰを約十四兆円（二・六％）押し上げると試算している。

だが、果たしてそうだろうか？

米大統領選挙を戦っていた民主党のヒラリー・クリントン氏も、共和党のドナルド・トランプ氏も、共にＴＰＰへの反対を表明していたのはなぜか。しかもヒラリー氏などは、もともと

TPP提唱者だったのである。選挙のために業界や労働組合に迎合したポピュリズムだと切り捨てることは簡単だが、一方で見落としてならない真実に着目すべきだ。それは、TPPはグローバルな巨大資本、国際金融資本には利益をもたらすが、決してアメリカ国民の利益にはならないということだ。事情は日本においても同じである。

歴史研究家のマックス・フォン・シュラー氏は、「自由貿易と言いながらもTPPはアメリカのものを強制的に買わせる仕組みである。はっきり言って、日本をアメリカの草刈り場と考えているだろう。私はアメリカ生まれのアメリカ育ちだから、アメリカサイドの考えは手に取るようにわかる」と言っている（マックス・フォン・シュラー『「太平洋戦争」アメリカに嵌《は》められた日本』ワック）。

経済評論家の三橋貴明氏も、その著書『日本「新」社会主義宣言』（徳間書店）のなかで、TPPは自由貿易ですらなく、特定の企業や投資家の「利益拡大」を目的とした管理貿易協定であって、厳密には、各国に管理貿易を強制し、「主権」を制限することを目的とした協定である、と、その危険性を警告している。

三橋氏も指摘していることだが、TPPのような国際協定は、国内法の上位に立ち、国民の安全保障と関連する分野においても外資規制がかけられず、関税自主権の喪失とともに、国家主権そのものが危うくなる事態が予想される。

国際的に活躍している認知科学者、苫米地英人《とまべちひでと》氏は、『TPPに隠された本当の恐怖　ついに明らかになった危険すぎるシナリオ』（サイゾー）と題する小冊子を緊急出版した。それによれば、日本のテレビメディアや新聞は、関税が自由化されて安い輸入品が入れば消費者の利益になる一方、農業や医療などこれまで政府に保護されてきた分野は自由競争に揉まれるので、その過程で国際競争力をつけていく――というストーリーを喧伝してきたが、これは「世迷い言」だという。

苫米地氏も言うとおり、「消費者が利益を得る」などと言っても、消費者は同時に生産者でもある。安い輸入品に対抗するため、コストカットとして賃金を低く抑えられるのは、消費者でもある生産者だ。この生産者のなかには、当然ながらサラリーマンも含まれる。農業にしても、人件費が高い先進国の農業が、低賃金の発展途上国の農業に太刀打ちできるわけがない。

実際アメリカの農産物には、輸出補助金が六五パーセントも出ている。要は、発展途上国の安い農産物と、アメリカの高い農産物との差額の全額を、アメリカ政府が補助金として農家に配っているからこそ成り立っているのであって、こんなものは自由競争でもなんでもない。実質的な保護貿易によって、国際競争力を保っているだけなのだ。

それをなぜ、日本だけが〝自由競争〟をさせられなければならないのか？　しかも、日本がそれに対策を施そうとすると、とんでもない事態が待ち受けている。なんと、アメリカ側から訴えられるのだ。しかも対象は農業だけではなく、全ての分野、全ての日本人が、その対象に含まれるのである。

ＴＰＰは亡国への経済システム

そして苫米地氏は警告する。こんなものを批准したら、日本は本当に破滅してしまう。日本人の大切な資産を根こそぎ取られてしまう、と。

しかし、日本の国会はＴＰＰを批准した。もしこれでトランプ米大統領が翻意し、米議会が批准してＴＰＰが成立したら、日本政府が日本の企業や日本人に対して行う助成や保護の全てが「えこひいき」と見なされる。

日本人にとって決定的に重要な分野である政府調達も例外ではない。外国企業には「内国民待遇」とし、日本企業と差をつけることは許されないのである。橋や道路、河川改修、電気・ガス・水道などのインフラ、環境保全、産業振興など、公共が行う事業の全てに、外国企業が参入できるように道を開かなければ、ＴＰＰ違反となる。このときＴＰＰ違反で訴えられるのは、全ての公共団体である。

苫米地氏によれば、公開されたTPPの英文版には、国ごとの付帯文書として、対象となる政府調達のリストがついており、そこには衆議院議院、参議院議院、内閣、最高裁判所、会計検査院、人事院、全省庁、全都道府県と政令指定都市、国が出資しているあらゆる法人が書かれているという。

こうしたTPP違反は「ISDS条項に則って訴えることができる」ということになっているが、問題はこのISDS（Investor-State Dispute Settlement）条項である。これは、企業が相手国政府の規制等で不利益をこうむった場合には、米ワシントンDCにある世界銀行傘下のICSID（投資紛争解決国際センター）に訴えることができるというものだが、仲裁人の構成から、アメリカ側が必ず勝つ仕組みになっている。

このISDS条項は、アメリカ、カナダ、メキシコの三国で結成されたNAFTA（北米自由貿易協定）にも採用された。二〇一五年末の時点で、七十七件の仲裁案件が持ち込まれたが、結審したものは全て、アメリカ企業側の勝訴であった。

例えば、アメリカ資本の紙パルプ会社 Abitibi Bowater 社が、カナダ・ニューファンドランド州政府を訴えたケース。同社はニューファンドランド州にあった工場を二〇〇八年に閉鎖、同州政府は後に工場跡地を接収し、水源と森林伐採地としたところ、一五〇億円の損害賠償を起こされた。企業側の主張は「あの時、工場を閉鎖しないでいれば、水源地や森林伐採地として利益が出ただろう。その機会を逃してしまったから保障をしろ」という理不尽なものだったが、ＩＣＳＩＤはアメリカ企業を勝訴とした。すなわち、海外投資家たちは、自分たちが何も関わっていない事業に関しても、「潜在的な機会を損失した」と主張すれば勝てるのだ。そして、こうした訴訟に関わる国際弁護士には、どちらが勝とうが負けようが、高額の弁護士報酬が入ってくる。

このように、ＴＰＰはまさに亡国の経済システムであるにもかかわらず、日本のマスメディア、とりわけテレビはこぞってＴＰＰに賛成し、反対派や批判派を、ことさらにこきおろしている。これは、日本のマスメディアが既に外資に乗っ取られているからだと、苫米地氏は指摘する。前掲書によれば、具体的な外資比率は次のとおりである。

フジテレビ　二九・八％（違法状態。外資が二、三位）
ＴＢＳ　一三・五％（上位二社が外資）
日本テレビ　二一・九％（違法状態）

テレビ朝日　一二・五％
電通　一九・六％（筆頭株主は外資）
（出典：証券保管振替機構二〇一五年一〇月六日付データ等）

反日売国的な偏向報道は、ＮＨＫや朝日新聞などだけでなく、民放の全地上波テレビおよび電通も同様であるという事実を直視しなければならない。

ＴＰＰの国会批准に賛成票を投じた与党側議員たちは、こうしたＩＳＤＳ条項の恐ろしさが分かっていたのだろうか？　国際弁護士たちが仕事をつくるために書いた一五〇〇ページ以上のＴＰＰ条文（英文）を読んだのだろうか？

これまで概観してきたように、安全保障を米国に委ねる戦後レジームが続く限り、日本はアメリカの経済植民地から脱することはできない。

結論はただ一つ、一日も早く自主憲法を制定して、真の主権を取り戻すことである。残された時間はそう多くはない。

第五章　日出ずる国・日本は人類文明発祥の地

大東亜戦争は二十世紀最大の〝文明の衝突〟であった

サミュエル・ハンチントン流に言えば、大東亜戦争は二十世紀最大の〝文明の衝突〟であった。すなわち、残忍な植民地支配を維持拡大して世界の覇権を握り続けようとする白人キリスト教文明と、白人の特権を認めず民族や人種の平等を基本とする寛容と共生の日本文明との、宿命的な衝突であった。つまり、ＧＨＱが規定した、世界支配を企む邪悪な日本軍国主義勢力と、平和を愛する民主主義国家群との対決、などというのは、とんでもない虚構ということである。

戦略的な当否は別として、日本がナチス・ドイツ、ファシズムのイタリアと組んだのは、当時の国際政治力学上の窮余の策に過ぎず、第二次世界大戦における白人国家間の戦いは、文明の衝突ではなく、同一文明内の勢力争いに過ぎない。

また、終戦間際の瀕死の日本に、ルーズベルトの懇請があったとはいえ日ソ中立条約を一方的に破棄して襲いかかり、満洲、朝鮮北部、樺太、北方領土で暴虐の限りをつくしたスターリン独裁のソ連はどうか。彼らは、共産主義革命という信仰に近いイデオロギーを掲げていたわけだが、彼らが依拠した弁証法的唯物論なる浅薄きわまりない哲学・エセ社会科学による共産主義思想は、宗教をアヘンとして否定するものの、一神教の目的論的世界観と構造的には相似形であり、ユダヤ・キリスト教の悪しき遺伝子が生んだ凶悪な奇形児と見なすことができるだろう。

要は、大東亜戦争は、傲慢で独善的な選民思想の白人キリスト教文明と、神道的な汎神的世界観を基層とする寛容と共生の日本文明との文明の衝突であったということだ。

我が日本国民は、ＡＢＣＤ（アメリカ、イギリス、シナ、オランダ）包囲網に一丸となって立ち向かい、イタリア、ドイツという同盟国が敗退・崩壊した後は、ただ一国で白人世界を相手に戦い抜き、一億総特攻・総玉砕の本土決戦まで覚悟した。その寸前で、日本民族の絶滅を危惧された昭和天皇のご聖断により、我らは生き残り、廃墟のなかから甦った。

こうして戦いには敗れたものの、残忍な白人列強の植民地支配に呻吟していたアジアの諸国を解放し、全世界の有色人種の植民地を独立に導く捨石となったことは、人類の文明史に永遠に刻まれる偉業である。

大東亜戦争は、紛れもなく大東亜解放戦争であった。それゆえ、日本に進駐してきたGHQは「大東亜戦争」の呼称を禁じ、「太平洋戦争」と呼ぶことを強要した。

アメリカの国際政治学者ハンチントンは、二十世紀から二十一世紀にかけて、『文明の衝突』と、それに続く『文明の衝突と21世紀の日本』（ともに鈴木主悦訳、集英社）を著した。

これらの書にもいろいろ問題はあるのだが、彼は主要な現代文明を八つに分類し、そのなかの一つに日本文明を挙げたことで、おおむね日本では好評であった。ちなみに、八つの現代文明とは、シナ文明、日本文明、ヒンドゥー文明、イスラム文明、西欧文明、ロシア正教文明、ラテンアメリカ文明、アフリカ文明である。

だが、日本文明を独立した文明として〝認知〟したのは、ハンチントンが最初ではない。

文明批評家の故渡部昇一氏によれば、最初に日本を「シナ文明圏」に入らない一つの独自の文明圏と明確に述べたのは、『源氏物語』の英訳者として知られるアーサー・ウェイリーであるという。彼は戦前、『日本文明の独創性』という小冊子をオックスフォード大学出版部から出している。戦後、駐日アメリカ大使となった日本通のライシャワーも、戦前に書いた日本史のなかで、日本は一つの文明圏であると記している（渡部昇一『知っておくべき日本人の底力』海竜社）。

ハンチントンは、近代の世界では、ほとんどの文明圏に二つ以上の国家が含まれるが、日本文明だけは、一文明一国家で孤立しているという。

日本が一国で一つの文明圏を成すという事実は極めて重い。日本国家が滅びるとき、日本文明もこの地上から永遠に消えていくのだから。

ところで、ハンチントンは日本文明の誕生を、多くの文明史家と同じくシナ文明から派生したものと考え、日本文明の成立を西暦一〇〇年ないし四〇〇年とみている。

アーノルド・J・トインビーにいたっては、日本文明の独立性を認めず、中国の衛星文明と規定した。トンチンカンもいいところだ。

彼らは、中国文明との接触までに一万数千年にわたる豊かな縄文文明が日本列島に花開いていたことを無視している。あるいは認識できないでいる。

西欧の歴史家、文明史家に共通する考え方は、農業革命を経て都市が形成され、都市のなかには神殿があり、祭祀をつかさどる王を頂点とする統一的な権力のヒエラルキーがあり、金属器や文字が出現していることが、文明誕生の必須の条件である、とする。

しかしこれでは、重層的で奥深い日本文明の本質構造を捉えることは到底、不可能だ。「西欧キリスト教文明が最高かつ普遍的である」との暗黙の前提に立つ、白人文明史家たちの独善と傲慢と無知を指摘せざるをえない。

日本では神々も労働を厭わなかった

人類文明の発生は、新石器時代に起こった農業革命（農耕による安定的な食糧生産）と、それによってもたらされる余剰農産物が前提になる、とするのが、これまでの通説であった。

しかし、縄文学の小林達雄氏は、「縄文人はあえて農業革命を拒否した。大事なのは農業革命ではなく、〝定住革命〟であり、これが縄文文明を生み出した」と主張する。

地震や台風、火山の噴火などの自然災害はあるものの、春夏秋冬の四季のなかで豊かな山の幸・海の幸に恵まれた豊饒な日本列島では農業革命の必要性がなく、採集・狩猟・漁撈で十分に生活できたということだ。

我らの先祖、縄文人が遊動生活から定住へと大転換できたのは、豊かな自然環境の出現に加えて、一万六千五百年もさかのぼる、人類初の土器の発明であった。土器の発明は革命的な出来事で、土器による煮炊きは食材の多様化、殺菌、栄養摂取の向上、健康化、寿命の伸長をもたらした。

小林達雄氏の言う〝農業革命の拒否〟の意味は極めて大きい。それはすなわち、余剰農産物発生の封印であり、階級分化の否定であり、専制君主も奴隷もいない平等社会を意味する。一万年以上の長期にわたる縄文時代において、戦争の痕跡がないことを考古学は実証しているのだ。

古代オリエントや黄河のほとりなどに生まれた文明は、いずれも周辺部族・民族との絶えざる戦争、相互殺戮、奴隷の獲得とその使役によって成立するものだった。西欧文明の源流（直系ではないのだが）となった古代ギリシャ・ローマ文明も、ギリシャの哲学者アリストテレスが言った〝生命ある道具（＝奴隷）〟なしには存立しえなかった。農耕や土木建築作業などの肉体労働は、もっぱら奴隷たちの仕事だったのである。

禁断の果実を口にしてしまったアダムとイブは神によってエデンの園を追われ、生きていくための労働という〝苦役〟を余儀なくされる。この、旧約聖書の創世記にあるように、ユダヤ・

キリスト教文明においては、労働は〝原罪〟に対する〝罰〟であり、苦役であった。それゆえ彼らは、文明の発生時から、奴隷入手のための戦争を必要としたのだ。

一方、我が日本では、高天原において天照大神《あまてらすおおみかみ》自身も田を耕し、機《はた》を織るのである。労働は忌むべき苦役ではないのだ。これについて、世界的な美術・文化史家の田中英道氏は『「やまとごころ」とは何か　日本文化の深層』（ミネルヴァ書房）のなかで、次のように論じている。

> 日本の神々は人間と同じように労働をするので他の民族の神々と違うと不思議がられるが、労働は日本においては古来、人間にとっても苦労とも贖罪とも考えられなかったのである。それは生きるものにとって、自然なことであり、神にとっても同じことであった。神々は人間の模範として存在し、人間同様、苦労を分かち合う存在であったのだ。

このような日本文明においては、家畜のように使役する奴隷は必要なかったのである。

キリスト教文明圏で労働を〝善なる務め〟と考えるようになったのは、なんと十六世紀、宗教改革の思想家ジャン・カルヴァンの出現を待たねばならなかった。

さらにここで、旧約聖書に見る古代ユダヤ人のおぞましさについて、触れないわけにはいかない。旧約聖書の民数記には、〝聖書〟の名が恥ずかしくなるような、以下のような記述がある。エジプトで帝王ファラオの奴隷として呻吟していたユダヤ人は、リーダーのモーゼに率いられてパレスチナの地に脱出するが、そこには既に他民族が住んでいた。そこに凄惨な戦いが繰り広げられる。ミディアン人との戦いにおいて、モーゼはユダヤ人の戦士たちに宣告する。「男は皆殺しにせよ。子供とて容赦はするな。男を知った女も皆殺しにせよ。ただし、処女は殺さず、お前たちの慰みものにせよ」と。

凄惨な皆殺し、略奪、凌辱、性奴隷など、乾ききった砂漠の思想、すれっからしの独善と暴虐のユダヤ・キリスト教文明のおぞましさの原点が、ここにある。

人類の文明は縄文文明からはじまる

ところで、古代史研究家の岡村道雄氏は、旧石器時代と縄文時代を分かつものとして、次の四点を挙げている。

- 温暖化による現在の環境成立

- 定住生活
- 土器の製作
- 石鏃《せきぞく》の出現、石皿・スリ皿・凹石の普及

（岡村道雄『縄文の生活誌 改訂版』講談社）

「縄文時代」に新たな視点からスポットライトを当て、「縄文文明」を再発見したのは、日本における環境考古学の創始者、安田喜憲氏である。

安田氏は、現代文明への危機意識とこれまでの文明観への懐疑から出発している。

我々はこれまで、都市文明の延長線上にある現代文明の光の部分のみを見ていたが、現在では、地球環境問題、人口爆発、食料危機など、都市文明の闇の部分に直面している。都市の出現、国家や王、さらに文字の出現などに文明の誕生をもとめる文明観では、人類の未来を切り開いていくことはできない。いま問われているのは、文明の価値観の転換であり、新しい文明概念の創造である、と。

安田氏は、縄文文化を自然＝人間環境系の文明と呼び、海洋的日本文明の原点に位置づけた梅棹忠夫氏（『文明学の構築のために』中央公論社）、文明と文化の関係を共時的なものと見な

す新しい考え方を提示した伊東俊太郎氏（『比較文明学を学ぶ人のために』世界思想社）の研究成果を踏まえて、新しい文明概念を創出した。

安田氏によれば、今日にまでつながる日本文明を可容した自然生態系の根幹が形成されたのは、一万三千年前の、ブナやナラといった温帯の落葉広葉樹の森の生態系が形成されたときであるという。そして、その森の生態系に適応した技術・永続的な固有の装置・制度系・組織化された生活システムと精神世界が確立したときをもって、縄文文明の誕生と見なす（安田喜憲『縄文文明の環境』吉川弘文館・『世界史のなかの縄文文化』雄山閣）。

いずれにせよ、こうした新たな文明観に立つとき、人類文明発祥の地はチグリス・ユーフラテス川のメソポタミアの地でもなく、ナイル川のエジプトでもなく、インダス川や黄河の河畔でもなく、まさに、この豊穣な日本列島であることが納得できる。

アフリカを出た人類は〝日出ずる地〟を目指し、日本列島に到達した

これまで何度か取り上げてきた田中英道氏は、世界的な美術史家であり、唯物史観に毒されている戦後の歴史学界に背を向けて新たに生まれた日本国史学会の代表理事に就任した碩学で

あるが、氏は日本人離れした壮大なスケールで、人類文明の誕生を捉え直している。

田中氏によれば、ホモ・サピエンスが誕生した頃のアフリカは、緑に覆われた豊穣の大地であり、食糧を求めてアフリカを脱出する必要性はなかった。つまり、人類はあらゆる生命の源である太陽を信仰し、少しでも太陽に近づこうとしたのがアフリカを出た動機だったという。彼らは長い時間をかけ、ユーラシア大陸を徒歩で、あるいは海路で、太陽が昇る東へ東へと旅を続けた。その終着点が、極東の日本列島であった。

田中英道氏は、文明の必要条件は文字の有無ではないという。集団内のコミュニケーションができているか否かが重要であって、縄文文明は、このコミュニティの絆の強さを十分に証明している、と。

これまでの学界は、文字で記録されていないものは歴史・文明ではないという頑なな偏見を持っていたが、形象学の大家でもある田中氏は、日本列島各地から出土する優れた造形美の土器や土偶から、縄文時代における〝コミュニケーション力〟の強さを強調する。

実際、口承の文化は文字が生まれる前から世界各地にあり、例えば、吟遊詩人といった人たちが、大きな役割を果たしていた。

日本列島で生まれた縄文土器は、日本だけでなく、シナ大陸、朝鮮半島、南北アメリカ大陸にも伝播した。

田中氏は、ゆるぎないもの、変わらざるものが世界に三つあり、これを基軸にした「世界三大文明」として、次の三つを挙げている。

①日本を中心としたアジア文明
②ギリシャ・ローマ＋ヨーロッパ文明
③ユダヤ・キリスト教＋中東文明

卓見ではなかろうか。

ところで、これまでは「世界四大文明」が通説となっていたが、これは極めて政治的なものであって、学校教育でこれを自明の定説として教えているのは日本くらいのようである。

世界四大文明説は、清の末期、日本に政治亡命していたジャーナリスト・政治家の梁啓超が中国人のナショナリズム高揚のために唱えたものであり、かなり強引なものであった。例えば、その後の発見ではあるが、黄河文明の前にも長江文明が栄えていたのである。要は、老大国の清を蚕食し続ける白人たちへの劣等感を、払拭したかったのである。

よく〝中国四千年の歴史〟などと言われてきたが、これが通用するのなら、〝日本一万三千年の歴史〟と言ってもいいはずだ。

中国大陸の中原《ちゅうげん》（黄河流域の平原）は征服王朝の表座敷のようなもので、随・唐王朝は鮮卑族、元はモンゴル族、清は満洲族が建国したものであった。これらの王朝のもとでは、漢民族は被支配民族として虐《しいた》げられた。

はじめて中国を統一した秦の始皇帝も、漢民族ではなく、ユダヤ人であったとみなされている。彼は、騎馬民族スキタイと同化したイスラエル十支族のうちの羌族《きょう》であったというのだ。

中国では、「易姓革命」なる壮絶な暴力による権力交代が繰り返され、前代のものはことごとく否定された。革命に伴う殺戮も凄まじく、人口が半減することもあったほどだ。

近くは毛沢東による文化大革命で、洗脳された無知蒙昧の若者たちが「造反有理」と叫んで各界の有能な人材を残酷なかたちで血祭りにあげるとともに、貴重な文化財や歴史的な建造物などを破壊し尽くした。シナ大陸には、文化・文明の一貫した連続性も、その蓄積もない。正確に言えば、〝中国四千年の歴史〟なるものは虚構なのである。

そのため、京都や奈良を訪れる中国人観光客は、古代から連なる文化と伝統を大事にしながら現代の生活を享受している日本人を、みな例外なく羨望する。

日本は縄文時代から技術大国だった

言うまでもなく、日本文明は縄文文明だけで成り立っているわけではない。いわゆる世界の四大文明にかなり遅れて、日本も農業革命を迎えることになる。紀元前一〇〇〇年ごろ、金属器と水稲耕作技術の弥生文化が九州北部で盛んになり、やがて日本各地に波及していくわけだが、縄文時代においても、作物の栽培は行われていた。

約五五〇〇年前から一五〇〇年間も続いた縄文都市、青森県・三内丸山《さんないまるやま》では、クリやイヌビエなどが組織的に栽培されていた。

三内丸山だけではない。狩猟、漁猟、採集と並行しながら、各地でヒエ、ソバ、マメ、ヒョウタン、ゴボウ、アカザなどの栽培が行われていた。籾《もみ》（熱帯ジャポニカ）の痕跡から、陸稲栽培も紀元前三〇〇〇年頃には行われていた。しかし、それらはいずれも小規模で、各集落（ムラ）の自給分に過ぎなかった。

では、なぜ農業革命の〝拒否〟から〝受容〟に転じたのか。水稲耕作を受容した直接的な原因と背景は、縄文時代晩期後半からの気候変動、すなわち寒冷化の進行に伴う自然の生産力の

青森・三内丸山遺跡の六本柱建物（復元）

低下であろうと考えられている。加えて、朝鮮海峡をはさむ活発な文物の往来である。

そこから弥生時代に入り、水稲耕作による農業革命を迎える。だが、それまで一万年以上も続いてきた縄文文明は駆逐され、解体されたわけではなく、徐々に弥生文化を吸収・受容し、両者は融合していったのである。

三内丸山遺跡の発掘調査責任者を務めた青森県教育庁文化財保護課長の岡田康博氏と、文化人類学・考古学（縄文時代）の国立民族学博物館名誉教授の小山修三氏が編者となって、各分野の専門家を招いて鼎談《ていだん》を行った『縄文鼎談　三内丸山の世界』（山川出版社）は、極めて刺激的な内容である。

当時（一九九六年）は国立民族学博物館顧問で、比較文明学・文化人類学の泰斗であった梅棹忠夫氏を交えた鼎談の一部を引用する。

岡田　六本柱の巨大柱は四五〇〇年前ごろに建てられましたが、その時期は三内丸山の最盛期です。人口がどっと増えたらしい。二列に並んだ長大な墓列が現れ、土偶が大量につくられたのも、そのころでした。土偶は八〇〇余りも見つかっています。

小山　三内丸山は一大宗教センターだったのかもしれない。土偶は三内丸山の神様から各地に下されたのか、各地から納められたのかはわからないが、膨大な数です。

吉野ヶ里は周囲に濠をめぐらせた環濠集落で、きちんと計画してつくられた古代都市であることに間違いない。驚いたのは、その吉野ヶ里より三〇〇〇年も古い三内丸山も一定の計画性をもって土地利用されていることです。

岡田　そうですね。谷をはさんで住居地域と墓地が区別され、中央には道があり、ごみ捨て場も決まっていた。その線引きは、三内丸山ができたときから終わるまで、長い間守られていました。

梅棹　建築用の工具は石器だったわけでしょう？　技術の面にも興味があるな。

岡田　鉄器が使われるのは弥生時代からですが、そのころもまだ工具の大半は石器です。三内丸山では石器のノミや石斧が出ていますが、弥生時代が専門の考古学者がこの石器を見て、「弥生の石器がみすぼらしく思えてくる」と、うなっていました。

小山　遺構の測量から、三内丸山の縄文人が「縄文尺」ともいうべき尺度を使っていたらしいんです。

岡田　柱と柱の間隔が、みんな三五センチの倍数になっているんです。この単位が使われているのは、共同作業や神聖な施設と見られる大型の建物に限られています。そういう建物には、設計図があったのでしょう。…

小山　三内丸山の建築もすごいが、みごとな朱色の漆塗りや翡翠の加工品もたくさん見つかっている。梅棹さんは以前から「日本は縄文時代から技術大国だった」というのが持論ですね。

梅棹　そう、日本には一万二〇〇〇年前から土器があった。メソポタミアより古く、世界最古といわれています。長崎県の福井洞穴の土器です。（筆者註：世界最古の土器は青森県大平山元一《おおだいやまもといち》遺跡から出土した約一万六五〇〇年前の無文土器）

小山　縄文時代晩期（二五〇〇年前ごろ）に東北地方に流行した亀ヶ岡式の土器なんて、厚さが三ミリしかない。表面をピカピカに磨きあげ、鉄のように黒光りしています。陶芸の大家も「私には作れない」とさじを投げたそうです。

梅棹　まさにセラミックやな。「京セラ」の先祖や。日本の技術は「三内丸山の釣り針から新幹線まで」つながっているんやね。

日本の技術の大半は一九世紀半ばになって西洋から輸入されたと思う向きがあるけど、じつは連綿と日本独自の技術が受け継がれてきた。そこに西洋の技術が付け加わったわけです。

岡田　三内丸山で見つかった真っ赤な漆塗りの木椀や櫛は、漆の技術にもまして木工の技術がすごい。椀はクリ材が原料ですが、ロクロのない時代に、あの硬いクリをどうやって加工したのか、専門家でも首をひねるんです。…

梅棹　古代というと、文化の起源をすぐ中国大陸に求めようとするが、これも悪いクセです。日本にも何十万年も前に旧石器があったんだから、そこから独自に発達した技術があって当然だ。けっして偏狭なナショナリズムでいうわけやないが、中国と日本に別個に同時発生して並行に進化した技術があった。むしろ、日本から中国大陸に伝播した技術があってもおかしくない。固定観念にとらわれず、もっと仮説を立てて検討しあうことが大切や。

縄文人というと、「狩猟採集民で、生産力が低く、社会も発達していなかった」というのが従来の認識だけど、どうもそうやない。

以上は、主として縄文文明の〝ハードウェア〟面についての論究だが、これと並んでソフトウェア、つまり精神文化の全体像を捉えておくことが重要であろう。

神道的な汎神的世界観が形成された縄文時代

日本文明の基本ソフトとも言うべき神道的な汎神的世界観は、この一万数千年にわたる縄文時代に、その原型が形成されたと考えられる。その原点は、アマテラスオオミカミに象徴される太陽信仰である。さらに注目すべきは、世界の神話のなかで、主神が女性であるのは日本だけであるということだ。エジプトのラー、ギリシャのゼウス、メソポタミアのアンシャル、ゾロアスター教のアフラ・マズダー、シナの天帝など、みな男性である。これは、他部族・他民族との絶えざる戦争と農業革命の主役が、男性であったことに由来すると考えられる。

先述したとおり、土地を囲い込む水稲耕作が一般化する弥生時代まで、考古学上、日本列島に戦争の痕跡はない。狩猟の道具としての弓矢や槍、黒曜石で作られた刃物はあったが、それらが武器となって縄文人同士が集団で殺し合ったというような痕跡はないのだ。一万数千年にわたって戦争のない平和な時代が続いたのは、古今東西、縄文時代のみである。

女神であるアマテラスオオミカミが主神であることのもう一つの意味は、生命を産み出す女性への崇敬である。これは、「縄文のビーナス」をはじめとするさまざまな土偶の妊婦像に、その情念を偲《しの》ぶことができる。日本では神代の時代から、女性が尊敬されていたのである。男尊女卑の思想は、もともと日本にはないものだ。

そして、生命ある動植物はもとより、岩や滝、山や川、海や空、雷、豪雨、津波、火、水、星辰など、自然現象を含む在りとし在るものに神性（霊性）を認めるという心性は、縄文的基本ソフトの重要な特徴である。日本人は大昔から八百万の神々と共に生きてきたのである。

生命をいただいたことに感謝し、その霊を供養するクジラ塚やフグ塚、二十一世紀の現在も行われている針供養や包丁供養などは、西欧人やシナ人などには理解できないだろう。これを〝原始的なアニミズム〟として軽蔑するのは、無知に根ざす精神の貧困である。

我らの先祖である縄文人たちは、自分の生命をもたらしてくれた先祖たちへの、感謝と崇拝も忘れなかった。やがて、天皇が国父となり、国民を「大御宝《おおみたから》」と慈《いつく》しまれてからは、皇祖神信仰が加わることになる。

これらが、今日に繋がる日本文明の基層である。その最大の特徴は、独善的・排他的な一神教や中華思想と異なり、在りとある対他存在、自己を取り巻く全世界に対する畏敬・共生・共感と寛容性にある。

一神教が普遍的な高等宗教であるというのは、欧米や中東の迷妄である。野蛮な一神教や、独りよがりの中華思想の底知れない闇と比べると、洗練されたアニミズムは、なんと清々《すがすが》しく美しいことか。

第六章　日本文明の強さの秘密

東アジア文化圏の中心に位置する日本

弥生時代から古墳時代にかけ、各地に散在するムラは収斂してクニ（部落国家）に変容し、小国乱立を経て日本各地に地域覇権の独立権力が並立する。それらを統合したのが天皇家の大和政権であり、これが日本国家の直接的なルーツである。

古墳時代には、畿内を中心に日本独自の様式である前方後円墳が盛んにつくられた。なかでも仁徳天皇陵とみなされる大仙古墳は、エジプト最大のクフ王のピラミッドやシナの始皇帝陵と並ぶ巨大な規模である。水稲による農業革命の成果と、それを基盤とする権力の強大さを示すものであろう。

日本古代文明の建設に当たっては、シナ文明の影響は確かに大きかった。大陸からの漢字の導入によって、日本も文字文化の時代を迎えた。朝鮮半島経由で伝来した仏教は、神道的世界観と融合しながら、今日に繋がる日本人の心性の根幹部分を形成した。律令国家の建設も、隋・唐がモデルとなった。

しかしながら大事なことは、いずれも単なる模倣ではなく、この時代から、和魂洋才ならぬ「和魂漢才」として「やまとごころ」を失うことなく、外から入って来る新たな文物は日本文明を構成する新たな素材として、自家薬籠中の物としたことである。

漢字の導入に関しても、我々の先祖は大和言葉を失うことなく漢字は単なる表音記号（万葉仮名）として使い、漢字本来の意味はそのまま生かしながら、やがて便利な仮名文字を発明した。今日我々が使っている日本語、すなわち漢字、ひらがな、カタカナの混合文字体系は、どのような情報であっても、たとえそれが高度な科学思想や哲学、微妙な心理や情緒などであっても、それをあますところなく表現できる、世界でも稀有な言語であり、このような日本語は日本文明の核である。

奈良時代の八世紀のはじめ、国家プロジェクトとして編纂された『古事記』『日本書紀』は、この世の開闢からはじまる歴史書であると同時に、大陸文明に対する明確な独立宣言でもあった。独自の世界解釈、世界像が語られている、壮大な宇宙図絵であるからだ。

文化人類学者のレヴィ・ストロースは、記紀の総合性に羨望のまなこを向けている。「他の地域ではバラバラの断片になった形でしか見られないさまざまな要素の完璧な総合を示」し「話を構成するいろいろな要素が日本ほどしっかりと組み上げられているところはない」と。彼はまた、神の末裔である天皇が今もなお連綿と続いていることを知り、日本文明の連続性、累積性に驚嘆している。

「(西洋や中国などでは)新しく一つの形をとれば、前のものは見棄てられて、ふたたび戻ってくることはないのです。日本では、神話と歴史とが相互排除的なものとは考えられておりません」(波田野毅『世界の偉人たちが贈る 新版 日本賛辞の至言33撰』ごま書房)。

なお、七世紀後半から約百年間に詠まれた和歌を収録した日本最古の和歌集『万葉集』は、人類文化史上でも特筆に値する。ここには四千五百首以上の作品が収録されているが、作者は天皇、貴族から防人《さきもり》や農民まで、あらゆる階層にわたっている。この時代、身分階級を超えてこれほどの民度の高さと感性の豊かさを示すものは、世界に類がない。

遣唐使の廃止後、国風文化が花開き、十一世紀のはじめ、世界で最初の長編小説『源氏物語』

が紫式部によって生みだされた。世界の識者のなかには、十七世紀のシェクスピアを超えると評価する向きもある。紫式部だけではない。同時代に清少納言の『枕草子』、和泉式部の『和泉式部日記』など、宮中の女官たちによって優れた文学が紡ぎ出された。

さらに特筆すべきことは、現代中国で使われている漢語の実に七割前後は、幕末から明治時代にかけて日本でつくられた和製漢語であるということだ。哲学、思想、人文科学、社会科学、自然科学等の各分野における概念語は、ほとんど全て〝文明開化〟を担った日本人の手になるものである。西洋文明の文物や概念を日本語に翻訳するに当たって、日本の先覚者たちは漢語を使って造語したのである。それを中国からの留学生たちが本国に持ち帰り、日本にならって近代化を図ろうと現代漢語をつくりあげたのだ。

現に「中華人民共和国」の「人民」も「共和国」も和製漢語である。共産主義、社会主義、階級、資本、経済、思想、民族、文明、文化、法律、宗教、哲学、理性、感性、客観、主観、科学、物理、化学、原子、分子、文学、美術、時間、空間、主権、私権、慣行、国債、民主など、現代の中国文明を支えるこれらの漢語は、みな和製漢語である。

東洋史の故岡田英弘氏は、このあたりの事情を次のように記している。

日清戦争の敗戦とともに、中国は二千百年をこす伝統的システムを完全に放棄して、日本型の近代化路線にのりかえた。日本においてすでに漢字文化になじむように消化された欧米システムを採用したのである。これまで蓄積されてきた漢字語の体系は全面的に放棄され、あらたに日本製漢語を基礎とする共通のコミュニケーション・システムが生まれることになった。これが現代漢語の起源である。ここにいたって中国の歴史は独立性をうしない、世界史の一部、それも、日本を中心とする東アジア文化圏に組み込まれた（岡田英弘『読む年表　中国の歴史』ワック）。

東アジアの歴史通、黄文雄氏も「近代中国をつくったのは日本」であり、「日本なしでは中国の近代化は絶対あり得なかった」と語っている（黄文雄『近代中国は日本がつくった』光文社）。

シナ文明においては、古代より易姓革命の思想によって、暴力によって新たな権力体制が成立すると、前政権時代の文化は全否定され、徹底的に破壊された。文明史家・中西輝政氏の言う「更地文明」である。そこには文明の継続性も円熟もない。中西氏は、アメリカも中国と並ぶ更地文明の典型であるという。まさに日本とは対極にある。

和製漢語をはじめ全ての漢語を全廃して表音文字のハングルだけを使用している韓国では、

漢語で綴られた彼ら自身の古典を読める者は年とともに激減し、今ではなんと、大学生の二〜三割は「大韓民国」という自国名の漢字さえ正確に書けないという。そんな彼らが、ハングルで書かれた捏造の歴史を幼い時から教え込まれているのである。

神仏一如こそ日本文明の強さ

ところで、日本文明の重層構造を図式化すれば、次のようになるだろう。

全体は五層から成り、母胎とも言うべき基層部分に広がるのは神道的な汎神的世界観で、その上に仏教的世界が重なり、三層目に自助自立の文明（主として鎌倉・室町・戦国時代に形成された）、四層目に自律と円熟の江戸文明、一番上層に幕末開国後の科学技術と近代国民国家文明がくる。

こうした五層構造は、固定的に層をなしているのではなく、絶えず対流し渾然一体となって現代の日本人、日本民族の精神性と行動様式を形づくり、他の文明、とりわけ独善と排他的な選民思想の一神教文明や無知蒙昧で夜郎自大な中華思想文明などにない、豊穣で柔軟、寛容と共生の日本文明を形成している。

さて、六世紀に移入された仏教文化は、誕生の地であるインドや中継地の中国ではなく、ここ極東の島国日本で大輪の花を咲かせた。

八世紀の半ば、鎮護国家の願いを込めて国家の総力をあげて聖武天皇が建立された東大寺の大仏は、高さ十五メートルの世界最大の金銅仏で、使われた銅は五〇〇トン、金は四四〇キログラムであった。基壇を固める土運びなどは、天皇から庶民に至るまで自発的に行われ、発願から九年の歳月を経て完成した巨大な大仏は、まばゆいばかりの黄金色に輝いていた。盛大な開眼供養の式典には、インドや中国からやってきた高僧たちも参列し、奈良の平城京は、さだめし世界の仏教センターの様相を呈した。

仏教美術・工芸・建築を極限まで発展させるとともに、鎌倉時代には法然の浄土宗、親鸞の浄土真宗、一遍の時宗、栄西の臨済宗、道元の曹洞宗、日蓮の日蓮宗など、日本ならではの大乗仏教が創出された。これは、ヨーロッパに三世紀も先駆ける〝宗教改革〟であった。

「即身成仏」「山川草木悉皆成仏」「一切衆生悉有仏性」「色即是空空即是色」などの仏教思想は、一神教文明圏では容易に理解されないが、我々日本人は抵抗感なしに、自然の摂理として受け容れている。その背景には神道的な世界観があるからだ。

ともに優れた文明史家である西尾幹二氏と中西輝政氏が対話形式で編んだ『日本文明の主張』

（ＰＨＰ研究所）のなかで、神道的世界と仏教的世界の相互関係に関して、中西氏は次のように重要な見解を表明している。

仏教が「この国のかたち」に関わってなぜ大切か、をより直截に示す話があります。聖徳太子が隋に有名な国書を送ったとき、「海西の菩薩天子、重ねて仏法を興すと聞く」という言葉を使っていますが、これは中国に対して対等にものをいうためです。そのあとに「日出る処の天子日没する処の天子に云々」と続くからです。つまり、中華思想に対してより高次の普遍性を打ち出すために仏教にとくに言及する必要があったのでは、と思えるのです。中華思想よりももっと高い価値があり、日本は隋と同様、その高い価値の仏教国として普遍的に対等だ、といっているように読めます。

結局、日本人にとって一番安定感を持った自画像というのは、神仏一体となった宗教＝文明観念なのです。

中華文明に対する独自性としての神道と、中華を超える普遍性としての仏教が一体のものと見なし得たとき、日本人は安定した自画像を得て、文明として一つの完成に到達したと見れるように思います。そこでようやく、ゆったりとした余裕を持って儒教を大々的に取り入れることもできるようになってくるのです。この神仏一如の文明史感覚を、「神仏観念」と私は呼んでいるのですが、この「神仏観念」が世俗化していくところから、精神面での近代日本が始まったといえるでしょう。

この対話において西尾幹二氏は、江戸時代に入ると、「神仏儒」のイデオロギーの連合が強く出てきて、ことに日本の国の全体のかたちというものを意識させたのは、なんといっても儒学が第一だという。

江戸時代、日本は鎖国で何もせず内にこもっていたわけではない

儒学の源流、儒教に関して、中国から日本に帰化した評論家の石平氏によれば、発生地のシナ大陸では、エゴイスティックな一族主義、家族主義を強化する役割を果たしてきたに過ぎないという（石平『なぜ中国人にはもう1％も未来がないのか』徳間書店）。

それに対して、日本では儒学は大きな歴史的役割を果たした、と西尾氏は主張する。

近代ナショナリズムを胚胎した幕末の水戸学は、儒学の影響によるものだが、中国の儒教を

〝直輸入〟したのであれば、国家概念は生まれなかっただろう、と。

中国人には、近代的な意味での国境の観念がなく、どこまでも自分が膨張していって天下と一体になってしまうという。「普天の下、王土に非ざるはなし」と『詩経』でも豪語しており、中国人は他者というものがわからない。自己を限定し、認識することも知らない。そういう中国の儒教を直輸入したのであれば、日本に国家概念は生まれなかっただろうとし、次のように論考する。

しかし日本は、秀吉の時代にキリスト教とスペイン・ポルトガル勢力の拒絶、ならびに中華中心秩序からの離脱という二つのことをやり遂げています。それはそのまま徳川幕府に継承された外交政策でした。自ずと自分とは何か？　中華に代わり日本中心秩序をつくるとはどういうことかという課題にさらされていました。

仏教や神道は内向きですから、答える能力がない。中国に対応させて、必死に「日本型中華秩序」を考え出し、儒教の中の中国性と日本型儒教の中の日本性とを調和させ、日本を中華の位置に置き換えることに腐心した初期の儒学者たち、林羅山、熊沢蕃山、中江藤樹らの中に、日本という国のまとまりの意識が生じたように思います（前掲書）。

この初期の儒学者たちの研究成果を継承発展させたのが、日本学とも呼ばれる水戸学である。水戸学は、『大日本史』の編纂事業に取り組んだ水戸光圀によって大成され、幕末の尊王論の源流となり、西洋列強の外圧による国家存亡の際にあって、佐久間象山、橋本佐内、吉田松陰、坂本龍馬などの先覚者たちに大きな影響を与えた。

日本中が安定し、繁栄を極めた江戸時代の半ばから、諸学問が開花し、儒学のほかに国学や洋学も盛んとなった。

国学を大成したのは賀茂真淵や本居宣長だが、これは言わば〝日本的ルネッサンス〟とも言えるものだ。彼らは、古事記や日本書紀の研究を通して、日本文明の本質を探ろうとしたのである。本居宣長はシナの儒教を「からごころ」、仏教を「ほとけごころ」として退け、「やまとごころ」に帰れと唱えた。この流れもまた、近代ナショナリズムを支える一つの柱となった。

洋学は、もっぱら自然科学、科学技術の分野を担った。戦国時代から、南蛮学として西洋の科学技術等は研究されていたが、〝鎖国〟下の江戸時代は、長崎の出島を窓口とする蘭学が洋学を代表するものとなった。

前野良沢、杉田玄白らによる『解体新書』の翻訳・出版は、近代医学の発展に大きく寄与した。翻訳は漢語によるものだったが、この翻訳に際して「神経」「動脈」「静脈」「軟骨」などの和製漢語がつくられ、今日もこれらの言葉は医学用語として使われている。

蘭学は、医学だけでなく、地理学、物理学、天文学、植物学など、多岐にわたった。

日本の征服は不可能と見ていた西洋諸国

風雲急を告げる幕末、幕府は直轄の洋学研究教育機関「蕃書調所《ばんしよしらべどころ》」を開設した。これは「開成所」の前身で、後に東京大学の源流の一つとなった。語学はオランダ語にはじまり、英語、仏語、独語を教えた。ほかに精錬学（化学）、器械学、物産学、数学、画学のコースもあった。

また、伊能忠敬は実測によって、はじめて正確な日本地図を完成した。寛政年間、ロシア人の蝦夷《えぞ》地への出没に危機感を覚えた林子平は、『海国兵談』を著し、海防の急務を説いた。

こうした江戸時代の国家としての構えを、愛国の理学博士であった清水馨八郎氏は、その著『侵略の世界史　この500年、白人は世界で何をしてきたか』（祥伝社）のなかで、次のように総括している。

「江戸時代は鎖国して何もせず、じっと内にこもっていたのではない。白人侵略を予感して、学問と教養を深め、武士道や大和魂で精神を練磨し、地理測定や探検、兵学で対抗する準備を着々と整えていたのである」と。

清水氏は同書のなかで、興味深い話を紹介している。津和野藩出身の国学者・大國隆正が文政元年（一八一八）、二十七歳の時、長崎に遊学して、オランダ通辞（通訳）から聞いたと記録しているものだ（『大國隆正全集・第一巻』）。

「西洋諸国の見るところでは、アジアに未だ、支那と日本の二か国が西洋に従わない。しかし、西洋が連合して当たれば、支那は十年で料理できるが、日本は三十年かかるだろう。日本は小国だが三つの障害がある。

一つは、人口が多く、武くして支那人のたぐいにあらず。

一つは、海岸が多く攻めにくい。

一つは、萬古一姓の天子ありて、人心これを尊ぶ心深し。

三十年で従えることが出来るであろうが、しかし、そのあと、日本国中の人間をことごとく斬りつくし、西洋から移民を送り、草木までも抜き捨て、植え替えなければ、我々西洋のものにならない。一人でも日本人を残しておけば、恢復の志を起こし、また燃え立つべし。そんな国が日本だ」と。

この時代の先祖たちに、敗戦ボケからいまだ抜けきれない我々は顔向けできるだろうか。

ところで、近代日本の黎明期に重要な役割を果たした儒学は、元をただせば大陸由来の儒教であったが、それは決して教条主義的な受容ではなかった。

いずれにせよ、大陸文化の輸入に当たって、我が国の先人たちは厳しく取捨選択し、人間を去勢する宦官、女性の人権を無視した纏足、記憶力だけの受験秀才を選ぶ科挙の制度など、不自然で悪しき風習は、水際で断固拒否したのである。

中・近世の軍事封建制度の文明史的役割は大きかった

有力貴族や寺社勢力などの荘園が各地に拡大し、古代律令制の柱であった公地公民制度が崩壊の危機に瀕すると、土地や権益を実力で守る必要性から、武力集団である武士階級が勃興し、十二世紀の後半、政治権力を我がものとした。この鎌倉時代から明治維新までの約七百年間が、土地を媒介とする人的主従関係である〝封建制度〟の時代である。

この時代のダイナミックな歴史展開の様相が、幕藩体制の江戸時代とそれ以前とでは大きく異なるため、この時代を二つに区切ることにする。鎌倉・室町・戦国・安土桃山時代の約四百年ほどが、先ほど述べた日本文明の第三層を成す〝自助自立の文明〟の時代である。

これに続く三百年近い江戸時代には、世界に類のない〝徳川の平和〟のもと、自立と円熟の〝江戸文明〟を生み出した。

近世、とりわけ封建制度が円熟した江戸時代のリーダー層は武士階級であり、武士たる者は文武両道に励まねばならなかった。

日本人の去勢化を図るGHQと、それに媚びる売国左翼陣営は、文武両道の伝統的日本精神は否定すべき封建時代の遺物として、国民を洗脳した。戦後、〝封建的〟という言葉は、頑迷《がんめい》固陋《ころう》、強権的、反民主的などの否定的な意味に使われてきた。だが、歴史の真実に即して考察するとき、七百年にわたる封建時代は、日本文明の形成に極めてポジティブな意味を持っていたことが理解できる。

鎌倉時代の決定的な出来事は、二度にわたる元寇である。日本の歴史はじまって以来のこの国難に、鎌倉武士団は勇敢に立ち向かい、大軍を撃退した。

世界史はモンゴル帝国からはじまると言われるように、十三世紀、モンゴルの騎馬軍団はユーラシア大陸の大半を席巻し、死屍累々の荒野の上に空前絶後の世界帝国を建設した。

日本中世政治史の専門家である今谷明氏に、封建制が諸悪の根源であるという俗説を見事に

郵便はがき

料金受取人払郵便

豊島局承認

5483

差出有効期間
2021年1月6日
まで

1708780

143

東京都豊島区池袋3-9-23

ハート出版

① 書籍注文 係
② ご意見・メッセージ 係（裏面お使い下さい）

〒		
ご住所		
お名前		女・男 歳
電　話	－　　　　－	
注文書	ご注文には電話番号が必須となりますので、ご記入願います。 お届けは佐川急便の「代金引換」となります。代引送料￥400円。 ※書籍代（税込）￥1,500円未満は代引送料が￥750円かかります。離島の場合は日本郵便。	
		冊
		冊
		冊

ご愛読ありがとうございます（アンケートにご協力お願い致します）

●ご購入いただいた書籍名は？

●本書を何で知りましたか？

① 書店で見て　② 新聞広告（紙名　　）

③ インターネット　④ その他（　　）

●購入された理由は？

① 著者　② タイトル　③ 興味あるジャンル・内容　④ 人から薦められて

⑤ ネットでの紹介・評価　⑥ その他（　　）

●購入された書店名は？

区
市
町

ご意見・著者へのメッセージなどございましたらお願い致します

ありがとうございました

※お客様の個人情報は、個人情報に関する法令を遵守し、適正にお取り扱い致します。
ご注文いただいた商品の発送、その他お客様へ弊社及び発送代行からの商品・サービスのご案内をお送りすることのみに使用させていただきます。第三者に開示・提供することはありません。

覆した『封建制の文明史観　近代化をもたらした歴史の遺産』（ＰＨＰ新書）という著作がある。このなかで、無敵に見えるモンゴル軍の侵略を断固として撃退した地域が三カ所あり、一つはエジプトを本拠とするマムルーク朝スルタン、もう一つが極東の我が日本、最後に西ヨーロッパのドイツ（神聖ローマ帝国）であったという史実を踏まえ、次のように指摘する。

モンゴル軍に征服され尽した中央ユーラシアは、中国・ペルシアをはじめ、古くから官僚制が強かった地域であり、結果的に、後年、歴史学者のウィットフォーゲルによって〝オリエンタル・デスポティズム〟（東洋的専制主義）の烙印を押された地域とほぼ重なる。これに対して、日本、西欧、エジプトは、当時封建制のさなかにあり、蒙古の騎馬軍をはね返すだけの強靭な軍事力を保持していた。

…また近代化（たとえば身分制議会・株式会社の成立）、産業資本主義は、蒙古征服地からは成立せず、封建制のなかから出てきたことは明らかである…（前掲書）。

先の梅棹忠夫氏が唱えた文明の生態史観を、ここでもう一度振り返ってみよう。

梅棹氏は、ユーラシア大陸の両端にある北西ヨーロッパと日本の両文明はそれぞれ独立して並行進化したとみる。歴史的に共通性があり、どちらも古代においては、ローマ帝国および秦・漢・唐の帝国という巨大帝国の周辺に位置する〝蛮族〟の国であるが、中世においては、世界の諸地域のなかで、この二つだけが軍事封建制という特異なものを発展させ、そのなかから絶対王制を経て、近代社会が生まれてきた、と。

この二つの地域は両方とも、適度の降雨量と気温に恵まれた温帯にあり、しかも、アフロ・ユーラシア大陸をななめに走る巨大な乾燥地帯から適当な距離をもって隔てられている。人類史全体のなかでこの乾燥地帯の果たした役割はたいへん重要だ。特にそのなかにあらわれた遊牧民の存在がその後の人類史において、繰り返し強力な破壊力として働いた。西北ヨーロッパと日本は、その破壊的暴力から免れて、比較的平穏に文明を展開できた、ただ二つの地域である――これが梅棹忠夫氏の生態史観の概要である（梅棹忠夫『日本とは何か　近代日本文明の形成と発展』日本放送出版協会）。

文化人類学者の梅棹忠夫氏をはじめ、評論家の渡部昇一氏、思想家の西尾幹二氏らが示唆しているように、〝超大国〟と言うにふさわしい近世日本は、まさにユーラシア大陸の対極に位置する西ヨーロッパと同時並行的に進化勃興したのである。

第七章　近世日本は超大国だった

世界に先駆け火縄銃の大量生産に成功した日本

反日、侮日を国是とし、歴史の歪曲、捏造によってしか己のアイデンティティを見いだせない憐れな特亜諸国（中共、韓国、北朝鮮）は、今でも日本と日本人に対する蔑称として「小日本」「倭奴」「島夷」などと言う。戦後、反日左翼のステレオタイプな階級史観に立つ史家たちも、これに呼応するかたちで、「近世日本は閉鎖的ながんじがらめの封建体制下で、全人口の八割以上を占める農民たちは過酷な搾取と弾圧にあえぎ、貧困と未開の闇のなかにあった」と説いてきた。

だが、彼らの無知と迷妄は嗤《わら》うしかない。近年、真面目な専門家たちの実証的な研究によって、こうしたイデオロギーのメガネで見る近世日本像が、実態と大きくかけ離れていることが明らかになってきたからだ。

先の特亜諸国は、社会進化のダイナミズムに背を向ける儒教に呪縛され、独善的な華夷秩序に安住し、夜郎自大、井のなかの蛙《かわず》であり続けた。彼らが知的退廃と中世的（あるいは古代的）停滞の長い惰眠を貪っていたとき、日本（統一に向かう戦国時代の十六世紀半ば頃から江戸時代の約三百年間）は、日本固有の基層文明の伝統を踏まえながら不断の自己変革を続け、軍事大国・経済大国・教育大国・文化大国に成長していたのである。

日本人がはじめて火薬の洗礼を受けたのは、文永十一年（一二七四）の元寇においてであった。誇り高い鎌倉武士たちは、堂々と敵前に進み出て名乗りを上げてから敵との一騎打ちに臨むのが戦いの作法と心得ていたが、勝つためには手段を選ばぬ元・高麗の敵兵に、このマナーはまったく通用しなかった。

彼らは名乗りを上げる日本の武士を遠くから嘲笑し、銅鑼《どら》を合図に一斉に毒矢を射かけ、大勢で取り囲んでなぶり殺しにする集団戦法をとった。その上、「てつほう」なる新兵器を使ったため、緒戦で日本側は圧倒された。

元寇（中央上部で「てつほう」が炸裂している）

この「てつほう」なるものは、直径十五センチ前後の陶製の球に黒色火薬と多数の鉄片が詰めてあり、一カ所に穿《うが》ってある穴から出ている導火線に火をつけて手で投げつける、手榴弾のようなものだった。猛烈な炸裂音と閃光に、馬は半狂乱となって制御不能に陥った。人馬を驚かしたのは音と光だけでなく、高い殺傷力もあった。

日本の武士たちは彼らの戦法を学習し、正々堂々の一騎打ちはやめ、重装長弓騎兵が集団で突撃する戦法に切り替えた。侵略者軍団の使っていた短弓に対して武士たちの長弓は飛距離が長く、有効な戦法となった。加えて、命を惜しまぬ日本の武士たちは、夜になると小舟に乗り込み、沖に停泊している敵の大船に夜襲をかけた。そして、鍛え抜かれた日本刀で、憎い侵略者を手あたり次第に斬り倒す。白兵戦になれば、武士たちの方が圧倒的に強かった。

こうした日本武士の恐ろしさに、敵兵たちは恐れおののいた。

これまで、〝神風〟によって日本は危ういところで助かったというイメージが定着してきたが、これは事実と異なるようだ。文永、弘安の二度にわたる元寇を撃退したのは、日本の武士たちの決死の奮闘の賜物であり、神風は脇役に過ぎなかったのだ。

ところで、火薬の起源・発明は、アメリカの歴史学者アルフレッド・W・クロスビーによれば、戦争の産物ではなく、中国宋代の〝不老不死の霊薬〟としてであった。不老不死の霊薬を求める道教徒の錬丹術師が、こうした物質を代々研究しており、硝石（硝酸カリウム＝KNO_3）を含有する混合物の性質に通暁していた。

道教の錬丹術書は、「火薬の君は硝石で、硫黄と木炭は臣である」と、硝石が黒色火薬の重要な成分であるという認識をもっていた（アルフレッド・W・クロスビー『飛び道具の人類史　火を投げるサルが宇宙を飛ぶまで』小沢千重子訳、紀伊國屋書店）。

悪夢のような「てつほう」体験から約二七〇年後、日本人は武器としての火薬の威力に、改めて瞠目することになる。

室町幕府が衰退し、群雄割拠する戦国時代の天文十二年（一五四三）、種子島に中国のジャンクが一隻漂着した。この船に同乗していたポルトガル人がマラッカ式火縄銃をもっており、その試射を見た若き領主、種子島時尭《ときたか》は驚嘆した。そこで、大金をもって二丁購入、領内の鍛冶《かじ》師に複製を命じ、家臣に火薬の製法を学ばせ、ほぼ一年後には、国産火縄銃「種子島銃」が完成した。

この製法は紀伊・根来《ねごろ》寺の杉之坊照算、和泉・堺の橘屋又三郎、近江・國友村の鍛冶、善兵衛に伝わり、やがて根来、堺、國友がそれぞれ鉄砲生産の主要拠点となった。

なかでも当時の堺は、四十人近い豪商・会合衆《えごうしゅう》が治める自治都市で、一五七〇年に織田信長に屈服するまで、町は傭兵を雇い、環濠に囲まれていた。堺は、室町・戦国時代から、日明貿易（勘合貿易）、琉球貿易、南蛮貿易の拠点であり、国際貿易都市として栄えた。織田信長、豊臣秀吉にも謁見したイエズス会士ルイス・フロイスは、その著『日本史』のなかで、当時の堺の繁栄ぶりを〝東洋のベニス〟と記している。

古代から続く「たたら製鉄」の優れた製鉄技術、世界一の切れ味を誇る日本刀づくりの鍛造技術に加えて、堺では、銃身、銃床、からくり、ネジなどの部品を規格統一化する部品互換方式をとり、流れ作業的な組立方式で、世界に先駆けて銃の大量生産に成功した。当時、海外では、一丁ずつ一人の職人が全工程を手づくりしていたのである。

しかも、日本の職人たちは、ただコピーするだけでなく、不断に改良を重ねた。具体的には、銃の口径を大きくして有効射程距離と殺傷能力を高めたり、雨のなかでも火縄が濡れない「雨おおい」を考案開発するなど、南蛮渡来の火縄銃よりも、はるかに高性能で耐久性の高い国産火縄銃を大量生産したのだった。

こうした国産火縄銃の優秀性について、前出のアルフレッド・W・クロスビーは前掲書のなかで「日本の火縄銃はヨーロッパのそれに比べて、口径が大きく、引き金装置の信頼性が高かった。さらに、雨で火縄が濡れることを防ぐとともに、闇の中で火縄が赤くくすぶるのを敵の目から隠すための小さな覆いがついていた」と記している。

ときはまさに戦国時代、日本中の武将や土豪や有力農民たちが、この新兵器を競って導入した。また、前記の三拠点だけでなく、日本各地の刀匠や鍛冶職人も、この国産火縄銃の製造に競って取り組んだ。

その結果、鉄砲が伝来してから二十年も経たない一五五〇年代、日本国内には三〇万丁以上、十六世紀末には五〇万丁以上の国産火縄銃が存在したと言われている。この数は、全ヨーロッパの銃の総数を大きく上回るものだった。そして、この優秀な国産火縄銃は、南蛮貿易で本場のヨーロッパにも輸出された。

火縄銃は、中世的アンシャン・レジームを打ち破り、近代につながる新たな時代の扉を開く、鍵の役割を果たすのである。

戦争革命を主導した織田信長

新鋭兵器鉄砲の大量導入と効率的な運用によって、日本における戦争革命を主導したのは、天下布武の旗印を掲げた織田信長であった。

広く知られているように天正三年（一五七五）、長篠・設楽原の戦いで、大量の鉄砲を駆使した織田信長指揮の織田・徳川連合軍は、当時無敵と恐れられていた武田勝頼の騎馬隊を殲滅した。このときに信長がとった戦術とされる、三千丁の鉄砲を三組に分けて間断なく射撃する「三段撃ち」は、近年疑問視されているものの、空堀と馬防柵とを巧みに利用しながら大量の鉄砲を使ったことは確かである。

武田方も数百丁の鉄砲は用意していたのだが、その運用よりもまず、騎馬武者が敵の前線を突破する従来型の野戦方式をとったため、待ち構えていた織田・徳川軍団の鉄砲隊の餌食になり、名だたる武将たちも数多く討ち取られて惨敗を喫したのだった。

この織田信長の圧勝は、大量の鉄砲の巧みな運用に加えて、その圧倒的な兵力差によるものだったという。武田軍は総勢一万五千人ほどであったのに対し、織田方は二倍以上の三万八千人ほどであったと、専門家は推定している。

ちなみに、この長篠・設楽原の戦いの雛型のような戦いが、その半世紀前に、ハンガリーのモハチ平原で行われていた。いわゆる「モハチの戦い」である。

当時、アジア、アフリカ、ヨーロッパにまたがる大帝国を築いていた軍事先進国オスマン・トルコ帝国のスレイマン一世は、一五二六年、ヨーロッパでの版図拡大のため、首都イスタンブールから六万ほどの大軍を率いてモハチに侵攻した。このなかには、火縄銃を使いこなす約一万の精強な皇帝直属の親衛隊イェニチェリ軍団と、およそ三〇〇門の大砲が含まれていた。オスマン軍は、大砲を並べ、大砲と大砲の間を鉄の鎖で結んで馬防柵とし、大砲の後方に銃撃隊を配置し、先込め単発銃の火縄銃を、三段撃ちならぬ「二段撃ち」態勢で陣を構えた。

スレイマン一世

ラヨシュ二世

対するハンガリー王国軍は、若き国王ラヨシュ二世に率いられた三万近い騎馬軍団と、姻戚関係のハプスブルク家やトランシルヴァニア、ボヘミヤの援軍を加えて、オスマン軍とほぼ同数の軍勢であった。

ところが、血気にはやるラヨシュ二世は、援軍との連携をとることなく、憎き侵略者の陣に向かって、騎馬軍団を率いて突撃を敢行した。結果は無残なものだった。ハンガリー軍は、国王をはじめ約二万の犠牲を出して大敗を喫した。オスマン帝国軍の犠牲は、その十分の一に過ぎなかった。火砲の組織的な運用、大砲の一斉砲撃のあとに続く火縄銃の「二段撃ち」に、西欧最強の騎馬軍団が壊滅したのだ。この戦いは、近世軍事史上の一大画期となった。

モハチの戦いに勝利したオスマン帝国軍はハンガリーの首都ブダに進駐し、その三年後、神聖ローマ帝国の帝都ウィーンを包囲し（第一次ウィーン包囲）、ヨーロッパ中のキリスト教徒を震撼させた。

要は、スケールは違うが、このモハチの戦いと長篠・設楽原の戦いが瓜ふたつであるということだ。もしかすると、仏教教団勢力への牽制と南蛮の文物への関心からバテレンを歓迎した信長が、彼らに彼の地の戦争の仕方について問い、「モハチの戦い」を聞いていたのかもしれない。

もっとも、そうした情報はなくとも、天才的な信長なら、自らの頭脳で効率的な火器の運用法を編み出すことは容易であったろう。

信長は、軍略に長《た》けていただけではない。彼の戦争革命を支えたものは、兵農分離（信長の統一事業を継いだ豊臣秀吉によって、ほぼ完成）による常備軍の設置、槍隊、弓隊、鉄砲隊など、兵種による大規模部隊の編成、出自や門地に関係なく実力主義による人材登用、火器に対応する堅牢な城の建設、中世的な特権的商権「座」を廃止しての「楽市楽座」による物流の活性化など、まさに目を見張るような改革であった。

また信長は、宗教教団が領主的な政治権力を持つことを認めなかった。相手が権威ある比叡山延暦寺であれ、大勢力の石山本願寺であれ、容赦しなかった。信教の自由は認めたうえで、近代的な政教分離思想を先取りしたのである。比叡山の焼き討ちや一向宗の長島一揆勢の虐殺など、日本人離れした残虐性も示したが、その肯定的側面としては、ヨーロッパにおけるユグノー戦争や三十年戦争のような、同胞相食《あいは》む悲惨な宗教戦争を未然に防いだということである。

ちなみに、江戸初期の寛永十四年（一六三七）に勃発した島原の乱は、宗派対立などによる〝宗教戦争〟ではない。苛斂誅求《かれんちゅうきゅう》の圧政に苦しむ地域住民の大規模な反乱蜂起であり、キリシタンの旗印は、雑多な人々を統合するためのイデオロギーに過ぎず、宗教戦争とは言いがたいのである。

このように信長は、新しい時代を切り拓く、まさに天才であった。しかし残念ながら、天下統一事業の完成を目前にして、家臣である明智光秀の謀反《むほん》によって、本能寺で横死する。その弔《とむら》い合戦で光秀を倒し、ライバル柴田勝家との合戦に勝利して、主君信長の志を継いで統一事業を成し遂げたのが、豊臣秀吉である。彼は朝廷の権威のもと関白、太政大臣となり、太閤検地を行い、刀狩り令を発し、完全に天下を統一し、近世統一国家の基礎を築いた。

軍事超大国であった日本

ところで、十六世紀末当時の日本の軍事力は、どのようなものであったのだろうか。ちなみに、天正十五年（一五八七）、豊臣秀吉による九州平定戦に動員された総兵力は約二十二万、その三年後の小田原攻めでは陸兵約二十二万に加えて九鬼・毛利の水軍が約四万であった。日本統一後の動員可能な総兵力は五十〜六十万。これは、明やオスマン帝国と並ぶ軍事超大国である。

モンゴル支配の元帝国を倒し、漢民族が主役となった明帝国は、十五世紀初頭の永楽帝の時代に最盛期を迎えた。モンゴル高原に遠征し、元の残存勢力であるタタール部やオイラート部を制圧して万里の長城を構築、安南・李氏朝鮮・ビルマを完全属国化した。その一方、七回にわたる鄭和の大艦隊の遠征で、南海をはじめインド洋、アラビア海、紅海に及ぶ広域に、明帝国の武威を示した。

当時の総兵力は陸兵だけで二〇〇万を超え、文字どおりの軍事超大国であった。だが十六世紀末になると、皇帝が無能のために宦官が実権を握って派閥抗争を繰り返し、政治は混迷を深めた。加えて、北虜南倭（北方遊牧民族の侵入と南・東シナ海沿岸での倭寇の侵攻略奪）で国力は衰退し、実働可能兵力は当時の日本とほぼ同規模か、それ以下となっていた。

信長同様、シナ中心の華夷秩序など、はなから認めていない秀吉は、日本国内の統一後は世界の覇者になろうと、まず明の征服を企図、九州を平定した天正十五年、李氏朝鮮の国王に入貢を要求する。これは元寇の逆バージョンであり、李氏朝鮮を大陸侵攻の先導役にしようとしたのだが、拒否され、朝鮮出兵となった。なお、朝鮮出兵の前年、秀吉はインド副王（ポルトガル総督）、スペイン国王、フィリピン諸島にも服属を迫っている。

この、二回にわたる朝鮮出兵、文禄（一五九二）・慶長（一五九七）の役に動員した兵力は、前者が西国衆を中心に約二十万、後者が約十四万であったが、本陣の名護屋には、東国衆と秀吉の旗本衆が十万以上、待機していた。

日本軍の侵攻当初、朝鮮には鉄砲はなく、武器は雑多で劣悪な上、士気も低かった。一方、日本遠征軍の鉄砲配備率は二〜三割で、向かうところ敵なく、あっという間に首都を制圧した。

王は住民に石を投げられながら、わずかな供を連れ、命からがら遁走する。明との国境に先鋒隊が到達すると、ようやく明の援軍が反撃して快進撃は止まるが、明兵の火縄銃は日本のものより射程が短く、威力も弱かった。また、明兵の刀剣は日本刀よりも短く、白兵戦でも日本軍が圧倒した。

ただこのとき、明軍だけでなく朝鮮人のゲリラなども蠢動《しゅんどう》し、加えて朝鮮水軍の決死の反撃で武器弾薬や兵糧の補給が思うにまかせない局面もあった。だが、日本遠征軍の優位は揺るがなかった。

結果的には秀吉の死で総撤退となったが、この明征服は、決して誇大妄想ではなかった。歴史に〝イフ〟はないが、もし、対馬の宗氏やキリシタン大名の小西行長などに和平交渉を委ねず、諜報活動を怠らず、関東勢も一挙に投入し、水軍の指揮命令系統を整備し、兵站に万全を期す戦略性をもって当たれば、明の征服は十分に可能であったろう。

ちなみに、十六世紀末時点における推定人口は、日本一五〇〇万人、明一億五〇〇〇万人、李氏朝鮮五〇〇万人、イスパニア・ポルトガル王国（フェリペ二世が両国の王）一〇〇〇万人、オランダ一五〇万人、イングランド王国が四〇〇万人であった。

昔日の面影を失い、衰退に向かう明とは対照的に、統一された近世日本は国力が充実し、世界有数の軍事超大国だったのである。

確かに、秀吉軍の侵攻に加えて、弛緩した軍紀の明軍を招き入れた朝鮮半島は荒廃し、この属国への援軍を差し向けた明も、軍費の負担で国家財政は逼迫し、後金（清）の侵入と相まって滅亡を早めた。

しかし、朝鮮民族が秀吉の朝鮮出兵を「千年の恨み」（朴槿恵前大統領）というなら、元寇の先導役となって対馬、壱岐、博多の無防備な日本人庶民に暴虐の限りを尽くした歴史はどうなるのか。都合の悪いことは忘れて、あるいは忘れたふりをして、四〇〇年以上も昔の出来事を今日的視点から云々《うんぬん》しても、ほとんど意味はなかろう。

秀吉の明征服構想は〝第二の元寇〟を未然に防ぐためでもあった

豊臣秀吉の明征服の企図は、単なる征服欲・支配欲からではない、という説もある。この興味あるテーマにスポットを当てたのは、評論家の入江隆則氏による「秀吉はなぜ朝鮮に出兵したか」と題する論文である（西尾幹二責任編集『地球日本史1』扶桑社）。

十五世紀のはじめから十六世紀末にいたる東アジア最大の歴史的出来事は、鄭和のインド洋大遠征と秀吉の朝鮮出兵であった。だが、秀吉の破天荒な行動を突き動かした世界認識は、スペインやポルトガルの宣教師たちによる中国征服構想に影響されたものだという。

入江氏は本論考のなかで、歴史学者の高瀬弘一郎氏が著した『キリシタン時代の研究』（岩波書店）に収められている「キリシタン宣教師の軍事行動」を詳しく紹介している。

これによれば、「中国をキリスト教国にするためには、武力を使うのをためらうな」と、宣教師たちは繰り返し何度も、本国にこの提言を送っているのである。彼らはまた、「中国征服は、スペインが中南米で征服したアステカ王国やインカ帝国と同様に容易だ」と繰り返している。

秀吉も、明征服は簡単だと考えていたが、これは多分に、スペイン・ポルトガル情報によるものらしい。

高瀬氏は、ローマのイエズス会文書館などの資料に基づいて論文を書いているのだが、ここで中国征服を提言している宣教師のなかには、秀吉をよく知る日本布教長や巡察師たちもいた。だが、日本の武力征服に関しては、「日本は武勇の国だから征服は困難であると同時に、征服しても中国ほどの利益にはならない」というのが、彼らの一般的な考えだった。彼らは、中国の武力征服に当たっては、日本と同盟するのが有利だとして、具体的に協力すべき武将として小西行長の名前などがあがっていた。

また、秀吉が日本を統一した後で中国を征服する際には、ポルトガル船を提供して支援すべきだとも書かれている（この時期スペイン王がポルトガル王も兼ねていた）。

高瀬氏によれば、秀吉の朝鮮出兵に直接つながるような史実は、アレッサンドロ・ヴァリニャーノが一五九〇年十月十四日に長崎から送った書簡のなかに出てくる、パードレ（神父）コエリヨと秀吉の確執である。この年は、秀吉が朝鮮出兵命令を発する一年前である。

一五八七年の六月、九州征伐で博多に滞在していた秀吉は、イエズス会の日本準管区長コエリヨを引見した。秀吉はこの二年前にも大阪城でコエリヨに会い、大型船二隻を船員付きで売却してほしいと頼んでいた。

この頃、マニラではスペインによる中国への出兵計画が煮詰まりつつあり、平戸の松浦隆信や小西行長らのキリシタン大名はマニラの総督府に対し、シャムにでも明にでも兵を送ると申し出ていた。

しかし、コエリヨは秀吉の依頼に従うふりをして、外洋航海には役に立たないフスタ船（当時の小型南蛮船で一本または二本マストに三角帆を張り、櫂を備えた吃水の浅い船）に重装備を施して、その威力を誇示するかのようにして博多滞在中の秀吉の前に現れた。

この常軌を逸した振る舞いに高山右近や小西行長らは、キリスト教会全体に災難が降りかかるのを恐れてそのフスタ船を秀吉に贈れと勧めたが、コエリヨはそれを拒否したと、ヴァリニャーノは書いている。

当然のように秀吉は激怒し、この直後にキリシタン禁止令を出している。

別の資料によれば、このフスタ船の櫂の漕手が鎖で繋がれた日本人奴隷たちであったことを、秀吉は見過ごすことができなかったのだという。

フスタ船

これだけでなく、九州のキリシタン大名たちの領内では、神社や寺院を打ち壊して宣教師たちの教会を建てたりした。しかも、火薬の主原料となる硝石を入手するため、硝石一樽当たり日本人女性五十人の奴隷と交換するなどの商談を仲介した、宣教師たちの〝裏の顔〟を秀吉は知ったのだった。

キリシタン大名たちは、領地の一部を南蛮宣教師たちに寄進していたが、その〝租界〟内のセミナリオなどに密かに武器弾薬が貯蔵されていることも、秀吉は現地に来て知ったのである。

一方、性奴隷となった日本人女性の運命は悲惨なものだった。マニラ、バタビヤ、マラッカをはじめ、ヨーロッパの各都市にまで彼女たちは売られていった。天正遣欧少年使節たちはローマの街頭で、鎖に繋がれ、ぼろをまとい、秘所丸出しの日本女性の奴隷を見て憤慨している。

硝石や大砲と交換された日本女性の奴隷の数は、一説には総計三十万人にも及ぶという。

こうした宣教師たちの許しがたい裏の顔を直接見た秀吉がキリシタン禁止令を発したのは、日本の統治者として当然の措置であった。

天正遣欧少年使節

ともあれ、ここにスペインと同盟しながら明を征服する案は破綻し、外洋船の調達が絶たれた秀吉は陸路、朝鮮を経由して明に侵攻する方法を選ばざるを得なかったのである。また秀吉は、明が西欧に支配されれば、将来それは必ず元寇以上の日本への脅威になると予測していた。そうであるなら、スペインに攻略される前に独力でシナを支配下に置こう、そう考えたのが朝鮮出兵の動機であったのではないか、という。

入江隆則氏は、これが真相であるなら、秀吉は当時すでに、近代国家日本の朝鮮経営や満洲経営に近いアジア戦略を持っていたことになる、と評価している。

フェリペ二世

しかし、日本とスペインの同盟を巡っては、互いに同床異夢であった。秀吉はシナを支配し、同盟の代償としてスペインにシナでのキリシタン布教の自由を与えるだけで十分だと考えていた。一方、スペイン側は、日本兵はシャムにおける傭兵のようなものとしか考えていなかった。それゆえ、もし同盟が成ったとしても、早晩同盟は破綻し、両者は干戈《かんか》を交えることになっただろう。幸か不幸か、東西両雄の秀吉とフェリペ二世は、一五九八年九月、申し合わせたように相次いで亡くなり、両者の対決は起きなかった。

近世日本は世界に誇る経済大国

マルコポーロによる「黄金の国ジパング」は、かなりオーバーな表現ではあったが、日本列島が古代から金銀銅に恵まれていたことは確かである。八世紀の半ばには、世界に誇る巨大な金銅仏、東大寺大仏が建立され、また十二世紀初頭、平泉に奥州藤原氏によってつくられた金色堂などをみても、うなずける。

日本は金銀の産出国として、戦国時代以降、世界的に突出していた。例えば、ユネスコ世界遺産に登録された島根県の石見《いわみ》銀山は、十六世紀後半から十七世紀初頭の最盛期には、ここだけで全世界の三分の一の銀産出量を誇っていた。石見銀山だけではない。信長・秀吉・家康と、代々の覇者たちの直轄であった兵庫の生野銀山は、明治維新後は新政府の直営となり、殖産興業の日本近代化を支えた。

金も戦国時代から、越後金山、佐渡金山、伊豆金山、甲斐金山などが有名で、かなりの量を産出した。こうした金銀鉱山は、その他にも、日本各地に数多く存在した。

経済史家の角山榮氏は、『日本史の中の世界一』（田中英道責任編集・育鵬社）のなかで、アダム・スミスが『諸国民の富』（＝『国富論』・一七七六）を著し、国富＝生産力説が経済学の主流を形成するが、それまでは重金主義思想およびそれと関連する重商主義思想が支配的地位を占めており、この重金主義思想によれば、十六世紀における世界の経済大国はスペインと日本であったと書いている。

ところで、銀を算出しないスペインが、どうして大量の銀を保有し、「日の没することのない国」になったのか――。

コロンブスがアメリカ大陸を〝発見〟（一四九二）した後、スペインは新大陸を南下、探検しつつ領土化を進めていく過程でメキシコの銀を発見し、ついで南米ではインカ帝国を亡ぼし（一五三三）、そこから大量の銀を収奪することによって、経済大国を築いたのである。そうしたなかで、一五四五年に発見したのが、埋蔵量世界一と称されたポトシ銀山であった。

ポトシ銀山は、現ボリビア、アンデス山脈の海抜約四千メートルの盆地にあり、かつては人の住む都市としては世界最高地点にあった。富士山頂よりも高いこの地は、酸素が希薄な乾燥地帯で、まともに草も生えない不毛の地である。現在も観光用に細々と手掘りが行われているが、スペイン統治時代に産出した銀は、合計四万五千トンにものぼるという。

しかしここは、この世の地獄、忌まわしい〝人を食う山〟と呼ばれてきた。残忍な征服者スペイン人たちは、征服したインディオを奴隷として強制労働に使い、まともな食事も与えず、不衛生で危険な暗い坑内で死ぬまで酷使した。さらに、インディオの人口が激減すると、今度はアフリカから輸入した黒人奴隷を投入した。その結果、なんと八〇〇万人もの命がこの山に〝食われた〟のだった。

やせ細ったインディオや黒人奴隷たちは、無慈悲な剣と鞭のもと、コカの葉を噛みながら恐怖と闘い、空腹と疲労と眠気に耐えてノミをふるい、掘り出した鉱石を細い坑道から運び出した。こうした作業の繰り返しのうちに栄養失調、有毒ガス、粉塵、高山病、過労、落盤事故な

スペイン人によるインディオ虐殺の様子

ラス・カサス

どで、次々と死んでいったのだ。

こうしたスペインのならず者たちによるインディオに対する言語に絶する極悪非道な所業の実態は、一五四二年に司祭のラス・カサスが著した、『インディアスの破壊についての簡潔な報告』（染田秀藤訳・岩波文庫）に、克明に記されている。

インディオたちを犬の餌として連行したり、無抵抗の者を面白半分に切り刻んだり、生きたまま火あぶりにしたり、妊婦の腹を切り裂いて胎児を取り出したり……、読んでいて気分が悪くなるほどだ。

ここには、キリスト教と文明の名のもとに馬を駆って新大陸に乗り込んできた征服者＝スペイン人たちによる、温和な原住民に対する収奪と、理不尽な殺戮の実態が赤裸々に記されている。

十一世紀末からはじまった十字軍の〝遠征〟にしてもそう

だが、「神に選ばれた者であるから、異教徒に対しては何をしても赦《ゆる》される」と思い込んでいる白人キリスト教徒ほど、野蛮で残忍なホモ・サピエンスはいない。これが果たして文明人であると言えるのか！

豊かな日本に〝鎖国〟などなかった

十六〜十七世紀の日本は、経済大国として大量の富（＝銀）を産出していたが、その大半は貿易によって海外、とくに中国に流出した。ちなみに、日本が大量の銀の産出国であることを知った最初のヨーロッパ人は、フランシスコ・ザビエルであった。そのあたりの歴史的事情について、角山榮氏は前掲書のなかで次のように記している。

彼（＝フランシスコ・ザビエル）は一五四九年鹿児島へ上陸、翌一五五〇年堺へ来た。そして日本はスペインの進出したアメリカと違って、ヨーロッパと同じく文明国であることを知った。従って日本銀の獲得には、中国沿岸に基地を築き、中国の生糸・絹織物を安く買って日本商人に高く売る以外にないことを知った。こうしてポルトガル人によって開拓された貿易が南蛮貿易である。続いてスペイン、オランダ、イギリスが、日本銀を求めて東アジア・日本へ集まってきた。日本銀をめぐる欧州諸国の激しい角逐に最終的に勝利を収めたのがオランダである。それが日本の「鎖国」である。

この「鎖国」であるが、江戸時代の日本は、長崎の出島だけで海外に繋がっていたわけではない。長崎を含めて「四つの口」が世界に向かって開かれていた。「長崎口」はオランダや唐人(東南アジア人も含む)に、「対馬口」は李氏朝鮮に、「薩摩口」は琉球に、「松前口」はアイヌ(シベリア・清・ロシアに繋がる)に開かれていた。言ってみれば、世界中のモノと情報が日本に入っていたということだ。

西尾幹二氏は、自ら責任編集した『地球日本史2 鎖国は本当にあったのか』(扶桑社)のなかで、まず幕藩体制について「『鎖国』という用語を日本のすべての歴史書からことごとく追放することを提言したい」として、その根拠を次のように記している。少々長くなるが、重要なので引用する。

幕府がキリシタン禁止令を決めたこと、貿易を一手に集め国家統制下に置いたこと、日本人の海外渡航の自由を禁じたこと——これらの事実は間違いなくあった。しかしそれは当時、「鎖国」という言葉で表現されてはいなかった。それらの事象が意味するものは日本の〝守り〟であると同時に〝余裕〟である。外国の怪しげな諸勢力が侵入するのを拒絶する自由独立の意志の表現であると同時に十七－十八世紀にかけて主権国家体制をとり始めた西欧各国と歩調を合わせ、日本が統一国家としての体制を確立せんとしていた証拠である。ちなみに独立国家オランダの誕生は一六四八年であった。

怪しげな外国、と言ってもその外国とは、すでに落ち目のポルトガルとスペインの二国にすぎない。一六七〇年頃イギリス船リターン号が長崎港に現れ追い払われたのは、日本が通商をオランダに限っていたからではなく、イギリス王チャールズ二世がポルトガル王女と結婚し、日本がイギリスを恐るべきカトリックの協力者、敵国とみなしたことが主たる原因であった。同じ頃、日本はタイ国王の申し出に応えて、四十年間絶えていた関係を再開しているから、日本の外交が外の世界をいっさい拒否し、接触を絶とうとしていたという証拠にはならない。

それどころではない。徳川幕府は十七世紀から十八世紀へかけて朝鮮の李王朝と琉球王朝とを手なずけ、東アジアに日本中心の外交秩序を作ろうと腐心していた。日本は秩序を重んじていた。貿易国オランダと中国は両国より下位に位置づけられていた。中国は軽視され、徳川時代を通じ正式の秩序の外に弾き出されていた。明が満州族に滅ぼされ、清朝にとって代わっていたからである。

日本は清朝と正式の国交を敢えて結ぼうともしなかった。新しい北京政府をかりに無視しても、外交的にも、経済的にも十分やっていける自信が日本にはすでにあったからだ。…日本は「鎖国」をしていたのでは決してない。海外へ敢えて出て行く必要がなかっただけである。

これまで「鎖国」というと、江戸封建体制における国家的自閉症の代名詞のようであったが、それは西欧近代の帝国主義的膨張、植民地の獲得・収奪の流れを基準とする史観に立っていたからにほかならない。いまだ歴史書や歴史年表に新大陸の〝発見〟と平気で表記することを恥とも思わない歴史学会、歴史家たちは、完全に西欧人の視点に立っているわけだ。

それに対して、西尾氏の鎖国否定論の、なんと説得力のあることか。西尾氏の言うとおり、日本は外国勢力に怯えて国を閉ざしていたわけではなく、あえて外へ出て行く必要がなかったのである。

平和な他国を収奪・搾取しなければ近代化をなしえなかった西欧諸国とは異なり、江戸時代の日本は、国内で全てが賄《まかな》える、豊かなＧＤＰ大国だったのだ。

近世日本の経済発展に寄与した参勤交代制度

十六〜十七世紀、日本の莫大な富（＝銀）は、生糸や絹織物などの購入代金として大半は南蛮貿易で海外に流出したが、なお国内には大量の銀が蓄積されていた。この蓄積された大量の銀こそ、〝自律と円熟〟の江戸文化、すなわち〝江戸文明〟を生み出したのである。

このあたりの事情を、角山榮氏は前掲書のなかで次のように概観している。

信長、秀吉から発した城下町建設プランを引き継いだ徳川幕府は、その巨大な富を日本列島改造の大公共事業に投資した。幕府・大名だけでなく、商人や地主の民間投資も動員することによって、行政百万都市・江戸、商人水郷都市・大阪の二大都市建設、東は日光東照宮、西は京の二条城のほか、全国各地に特色ある城下町建設、道路網の整備、灌漑、水運のための用水路、運河の建設、新田開発、河川の付替え、治水工事など、主要な事業は十七世紀末までにほぼ完成した。しかし同時に銀産出も底をつくことにより、世界一の経済大国・日本の好景気も終わった。その開発ブームの過程で江戸、大阪を中心に、現代にも生きる都市庶民文化がいかに繁栄したかは忘れることはできない。これらはすべて十六、十七世紀に栄えた世界一の経済大国・日本の遺産である。

十八世紀半ば、江戸の人口は一〇〇万を超える世界一の大都市であった。北京、パリ、ロンドン、大阪などがこれに続いた。世界に先駆けて産業革命を成し遂げたイギリスでは都市への人口流入が進み、やがてロンドンが江戸を超える人口を擁するようになるが、それは十九世紀に入ってからのことである。

江戸幕藩体制二六〇年の平和を支えた柱は、三代将軍家光の時代に確立された参勤交代制度である。これは武士の棟梁たる将軍に対する、大名たちの服属儀礼の制度化であり、謀反・反乱予防措置システムである。

参勤交代は日本独特の制度であり、ヨーロッパの封建時代において、ここまで徹底した制度はなかった。

原則として大名たちの妻子は江戸屋敷に住み、大名たちは一年おきに領国と江戸に住む。妻子は言わば人質であり、領国と江戸間を移動する大名行列は多大の出費を要し、これは、軍備に資金が回らないようにするための、幕府側の深謀遠慮だった。

大名行列の内容は、大名家（藩）の石高や格式によって規定されていたが、大名たちの見栄もあり、街道や江戸の庶民たちにとっては祭り見物のような派手なものだった。

この参勤交代と江戸での生活に要する出費は莫大なもので、藩収入の五割から八割にも及んだ。加えて、外様大名は天下普請として城郭建設や治水・河川改修などにも経費・人員持ちで動員され、各藩の財政は時代とともに逼迫していった。

このように、参勤交代は大名たちにとってきわめて厳しいものであったが、歴史的にみれば、江戸時代の繁栄を牽引したのである。

日本近世史の専門家、笠谷和比古氏は「参勤交代と近代化」（前掲『地球日本史2』に収録）のなかで、「参勤交代制度はさし当り政治的負として登場してきた。だが、それは結果的に見たとき他の諸分野に対して実に多くの影響、肯定的な効果を及ぼすことによって徳川日本の文明的発展をもたらし、またその文化的個性を形成する原動力ともなっている」と、参勤交代制度を評価している。

各街道を中心とする江戸時代の交通網は、軍事道路としての当初の機能は薄れ、大名たちの参勤交代のために整備されたと言っても過言ではない。街道には一定間隔で宿駅が設けられ、宿駅から次の宿駅へと、人と荷物をリレー式に輸送していく「継ぎ立て」方式がとられた（同一人馬が始発地から目的地まで、荷物あるいは重要書類などを運ぶ「通し人馬」もあったが、その運用はごくわずかであった）。東海道の場合、各宿駅の問屋場には、人足百人、馬百匹が常に待機するよう定められていた。

同時に、宿駅には大名たちが宿泊する高級旅館「本陣」と、農民や町人など庶民用の「旅籠《はたご》」が整えられた。この、街道と宿泊施設の整備が旅の安全を保証し、十八世紀になると、お伊勢詣でなどの空前の旅行ブームを引き起こした。

庶民が恒常的に全国を旅行するというあり方は、参勤交代それ自体がもたらしたもの以上に、中央と地方、都会と田舎、東国と西国の間の文化交流を推し進め、各地方の文化的孤立性を打破しつつ、国民文化を形成していくうえにおいて、重要な意義をもっていた。と同時に、諸大名の在江戸経費の支出は膨大な有効需要を形成することによって、諸々の分野の経済活動を喚起し、はからずも近世日本の経済発展の機動力としての役割を果たすことになったのである。

第八章　江戸時代の日本は誇るべき文化先進国

左翼史家の貧農史観は的はずれ

江戸時代は「士農工商」の身分制度が固定化された封建社会で、農民は武士階級に次いで上位に位置づけられていたが、その実態は五公五民、六公四民などの苛斂誅求に苦しめられ、自分でつくった米も満足に食べられず、粟《あわ》や稗《ひえ》などの雑穀を常食にしていた——。戦後長い間、マルクス信仰の左翼歴史家たちが描いてみせたこうしたステレオタイプな江戸時代の農民像は、近年の実証的な研究によって否定されている。

まず、「士農工商」という言葉は、江戸時代には存在していない。インドのカースト的な身分制度や、イギリスなどにおける階級制度と異なり、基本的には職業による身分の区分であって血統によるものではなく、大名・高家など一部の高級士族を除いて、士農工商は平等であった。

江戸時代の実態的な身分制度は、武士、百姓、町人の三つの身分区分であった。百姓は村に住む者を指し、農業従事者だけでなく、鍛冶屋や大工、木工職人、海運業者や漁業従事者なども含んでいた。町人は、城下町に住む武士以外のさまざまな職業従事者を指している。同じ鍛冶屋でも、城下町のそれは町人となる。そして、この三身分相互間の移動は、かなり自由であった。

例えば、三井財閥の祖は、武士をやめて商人に転じたものだ。慶長年間、三井財閥の先祖に当たる三井高俊が、武士を廃業して伊勢松坂の地で質屋や酒屋を開業したことにはじまる。また、激動の明治維新において、江戸に迫る官軍の総帥・西郷隆盛との談判で江戸城無血開城を果たして江戸を戦火から守ると同時に、主家・徳川家の名誉ある存続をもたらした勝海舟の曽祖父は、越後の貧農出身の盲人であった。彼は、江戸に出て幕府公認の高利貸しとなって莫大な富を築き、検校《けんぎょう》（盲人の最高位）の位を買官し、また御家人株を買って、子孫を幕臣にしたのである。

左翼の歴史家や言論人は、こうした歴史のファクトを見ずに、教条的な史観のメガネで時代を見るのが常である。彼らは、江戸時代の農民も帝政ロシアの農奴と同じと決めつけてきた。

戦前戦中を暗黒時代視するのと同じように〝貧農史観〟に固執してきたのである。

だが、実態は大きく異なるようだ。農学博士の佐藤常雄氏は、さまざまな実証的データをもとに、こうした貧農史観に疑問を呈している。

まず、江戸時代の年貢は全てムラ単位で上納され、年貢未納者が出た場合は、ムラがその分を弁済する連帯責任を負っていた。いわゆる年貢村請制である。土地台帳である検地帳では、村内の土地を田・畑・屋敷の三地目と、上・中・下などの等級別に分けて登録する。そして、実際には稲作のできない畑・屋敷についても、田と同様に米の生産高である石高で評価することになっていた。一村一年分の村内米穀総生産量が、村高《むらだか》である。

検地は、一部の例外を除いて、幕領・藩領のほとんどが十七世紀後半に終了しており、およそ二百年間、不変の数値となっていた。このため、農業技術の進歩による土地生産性の向上、二毛作など作付け方式の高度化、田畑利用率の上昇、米より収益性の高い綿・菜種・藍・紅花など商品作物の導入、酒・味噌などのような付加価値を高める農産加工業の進展、出稼ぎや日雇い、商売による賃金収入の増加など、活発な経済活動の成果は、十七世紀後半の検地帳に反映されることはなかったのである。

その結果、幕末期に近づくにつれて、実際の年貢率が二割、あるいは一割という低率となるムラも少なくなかった（佐藤常雄「貧農史観への疑問」『地球日本史2』に収録）。

江戸時代の農業の生産性を飛躍的に高めたものに「農書」の存在があった。佐藤常雄氏によれば、農業技術を中心に記録された農書は、十七世紀後半の元禄時代から十八世紀前半の享保期にかけて集中的に登場し、その成立は日本列島の地域差を超えて分布、北は陸奥国から南は琉球にいたるまで、全国各地で確認できるという。

農書は、中国でも二千年の長い歴史を有しているが、日本では、わずか三百年前に成立した。だが、中国の農書は為政者の立場から著述されており、農民からいかに多くの租税を収奪するかという性格をもっていたのに対し、日本の農書の著者は、一部に農学者や地方役人などがみられるものの、豪農・村役人などの上層農民がほとんどで、言わば農民の農書として、農民自身による生産能力追求という姿勢に裏づけられている。その背景にあるのは、農民の識字率はもとより、識学力や計算力の高さ、すなわち民度の高さであった（前掲書）。

ヨーロッパよりも自由で幸福そうな農民たち

では、江戸時代の農民たちは、第三者である外国人の目に、どのように映っていたのであろうか。

日本の近代海軍育成の恩師と言える、オランダの海軍軍人カッテンディーケ。彼は安政三年（一八五七）九月、幕府が発注した軍艦（＝咸臨丸）を長崎に回航した後、長崎海軍伝習所の第二次教官となり、勝海舟や榎本武揚などの幕臣に航海術、砲術、測量術などを教えた。彼の長崎滞在は安政四年から六年にわたり、その間、鹿児島、対馬、平戸、下関、福岡の各地を訪れている。彼は回想録『長崎海軍伝習所の日々』のなかで、庶民の姿を次のように描いている。

「この国が幸福であることは、一般に見受けられる繁栄が何よりの証拠である。百姓も日雇い労働者も、皆十分な衣装を纏い、下層民の食物とても、少なくとも長崎では申し分のないものを摂っている」

「日本の下層階級は、私の看るところをもってすれば、むしろ世界のいずれの国のものよりも大きな個人的自由を享受している。そうして彼らの権利は驚くばかり尊重されている」

「上層民の武士階層は格式と習慣の〝奴隷〟となっているが、これに反して、町人は個人的自由を享有している。しかもその自由たるや、ヨーロッパの国々でもあまりその比を見ないほどの自由である。…法規は厳しいが、裁きは公平で、法規と習慣さえ尊重すれば、決して危険はない」（渡辺京二『逝きし世の面影』平凡社ライブラリー）

イギリスの初代駐日総領事オールコックの『大君の都　幕末日本滞在記』は、開国後の幕末日本を紹介したものである。彼は、身近に攘夷派の襲撃を体験したこともあり、日本人は偶像崇拝の異教徒で呪われた存在であり、劣等民族である、と偏見による厳しい断罪を行う一方で、農村と農民には最大限の賛辞を惜しまなかった。

万延元年（一八六〇）九月、富士登山の折に実見した農村風景の記録であるが、オールコックは、ほとんど驚嘆に近い声を上げている。小田原から箱根に至る道路は「他に比類がないほど美し」く、両側の田畑は実りで輝いていた。そこで彼は、「いかなる国にとっても繁栄の物質的な要素の面での望ましい目録に記入されている」ような、「肥沃な土壌とよい気候と勤勉な国民」を目の当たりにする。そして次のように述懐する。

「封建領主の圧制的な支配や全労働者階級が苦労し呻吟させられている抑圧については、かねてから多くのことを聞いている。だが、これらのよく耕作された谷間を横切って、非常な豊かさのなかで所帯を営んでいる幸福で満ち足りた暮らし向きのよさそうな住民を見ていると、これが圧制に苦しみ、過酷な税金を取り立てられて窮乏している土地だとはとても信じがたい。むしろ反対に、ヨーロッパにはこんなに幸福で暮らし向きのよい農民はいないし、またこれほど温和で贈り物の豊富な風土はどこにもないという印象を抱かざるをえなかった」（前掲『逝きし世の面影』）

もし、江戸時代の農民が貧苦にあえいでいたのなら、お伊勢詣でや四国八十八カ所巡礼や富士詣でなどが全国的なブームになることなど考えられない。

とはいえ、もちろん江戸時代を通して日本全国が全て豊かであったわけではない。貧しい漁村や僻地の惨状も記録されている。多くの餓死者を出した飢饉も、一度や二度ではなかった。

ちなみに、総じて藩領よりも、天領の農民の方が恵まれていた。

さらに、領主側の一方的な増税に対しては、しばしば一村、あるいは数カ村が団結して、集団闘争である「一揆」に立ち上がった。多くの場合、一揆勢の主張が通った。領主側は、幕府の目を気にしていたからだ。自分たちの統治能力が問われ、改易、へたをすれば取り潰しの憂き目をみる危険があったからだ。

いずれにせよ、左翼史家の貧農史観は、的はずれということである。

世界に誇れる円熟の江戸文化

世界に向かって四つの窓口（長崎・出島～オランダおよび清、薩摩～琉球、対馬～朝鮮、松前～蝦夷地）が開かれていたとはいえ、民間レベルでの自由な海外交流や貿易は禁じられていた江戸時代に、日本独自の文化や科学技術、信用経済システムなどが花開いた。それらはいずれも高度なもので、なかには同時代の世界レベルを超えるものも数多くあった。

いまや日本を代表する大衆芸能として世界中に知られている歌舞伎は、江戸時代初期、京都・鴨川の四条河原で出雲阿国《いずものおくに》が演じた「かぶき踊り」がルーツであるが、たちまち町人たちの人気を博し、大阪は道頓堀、江戸は京橋川の河原が中心地となった。やがて河原の仮設芝居小屋は、大都市のなかで立派な常設館となった。能がもっぱら武士階級の芸能であるのに対し、歌舞伎は町人階級の圧倒的な支持を得て、今日に至っている。

町人が育てた歌舞伎の魅力は農村にも波及し、江戸中期から幕末にかけて、各地に農村歌舞伎が生まれた。鎮守の森や街道筋の近くに常設小屋がつくられ、農民たちは農閑期に練習し、年数回のハレの日には、農民自らがそれぞれの役を演じて楽しんだ。

十七世紀半ば、五代将軍徳川綱吉の文治政治によって産業が発達し、豊かになった町人たちを基盤に、元禄文化が花開いた。信仰心の篤《あつ》い徳川綱吉は「生類憐《しょうるいあわれ》みの令」で犬公方《いぬくぼう》と呼ばれたが、湯島聖堂を建てて儒学の普及に努め、また寺社仏閣の造営・修理なども熱心に行った。この時代、経済力をつけた大阪や京都の上方町人が、新たな文化を生み出した。その代表格が、井原西鶴と近松門左衛門である。

優れた俳諧師であった井原西鶴は、浮世草子や人形浄瑠璃作家として活躍し、広くもてはやされた。代表作は『好色一代男』『日本永代蔵』『世間胸算用』。一方、歌舞伎や人形浄瑠璃の台本作家であった近松門左衛門は、『曽根崎心中』『国姓爺合戦』『心中天網島』などの名作を世に送り出した。いずれも、豊かな娯楽性のなかに、生身の人間像を描いたものだった。

一方、江戸では、松尾芭蕉が連歌の発句から俳諧（俳句）を完成させ、後に「俳聖」と謳われた。この、世界最小の定型詩は、第二次大戦後に世界中で再評価され、各国語で〝ハイク〟がつくられるようになった。元ウクライナ大使の馬渕睦夫氏によれば、親日国のウクライナでは、中学課程の教科書において、松尾芭蕉と俳句をはじめ日本文化について、十数頁にわたって紹介されているという。

絵画部門では、後にフランスの印象派に大きな影響を与えた浮世絵が、この時代に確立された。立役者は菱川師宣で、彼は町人たちの風俗を色彩豊かに描いた。また、彫師や摺師との共同作業で、版画として同じものを複数枚制作し、比較的安価に流通する方法をとったため、庶民の圧倒的な支持を得た。切手にもなった代表作の「見返り美人図」は今、東京国立博物館に大事に収蔵されている。

見返り美人図

さらに自然科学分野でも、世界に誇れる成果を多岐にわたって見ることができる。

「算聖」と謳われた関孝和に代表される「和算」も、その一つである。彼は、独力で代数学を構築し、円周率を少数第十一位まで正確に算出、西洋数学の大家ライプニッツに先駆けて行列式の理論を提示した。また、流体の総エネルギーが一定であるという「ベルヌーイの定理」を発見するなど、高等数学を大成した。日本式数学の「和算」は、明治以降見捨てられ、全てが西洋数学、いわゆる「洋算」に切り替えられたが、専門家の間で、関孝和らの和算は驚きをもって再評価されたのだった。

農学のバイブルと言われた『農業全書』を著し、「農聖」と謳われた宮崎安貞も、元禄期に活躍した人である。彼は、中国の最新の農書や木草《ほんぞう》学を研究しながら自ら農業を営み、新田開発や干拓事業、植林を勧め、理論と経験を活かして農民の指導に当たった。

医学においても、十九世紀のはじめ、外科医の華岡青洲が欧米に半世紀近く先駆けて、世界初の全身麻酔手術に成功した。成功に至るまでの壮絶な家族の協力や葛藤を描いた、有吉佐和子の小説『華岡青洲の妻』は、繰り返して映画やテレビドラマになり、また舞台で演じられてきた。

華岡青洲と同時期、大変な苦労の末に、はじめて精緻な日本地図を制作した伊能忠敬の名も挙げねばならない。

十八世紀の後半になると、英・米・露の艦船が日本近海に来航、とりわけロシア船が執拗に蝦夷地周辺に出没したため、海防問題が幕府の喫緊の課題となった。和算、暦学、天文学を学んだ伊能は、地球の子午線上の一度の長さを実測し、地球の大きさを知りたいという夢を抱いていた。そんな伊能に、幕府から蝦夷地測量の依頼がきた。

伊能は、助手のほか測量機器運搬の馬や人夫たちを引き連れ、一カ月かけて蝦夷地に到着、箱館を基点として、東南海岸に沿って測量を開始した。彼は、さまざまな機器で角度や距離を測る「導線法」という測量術を使った。平地では量程車を転がし、複雑な地形では縄を用いて距離を測った。彼が測量のために歩いた距離は地球を一周するほどのもので、そしてついに、子午線一度の長さを正確に算出した。こうした伊能の実測値をもとに、幕府の暦局によって「大日本沿海輿地全図」、別名「伊能図」が完成したのは、彼の死後であった。

伊能忠敬

伊能図の正確さは、幕末に来日した西洋の専門家を驚かせ、この地図を巡って、シーボルト事件（海外持ち出し厳禁の伊能図をシーボルトが持ち出そうとした）も起きた。

この伊能図について、杉原誠四郎氏ほかの『市販本　新装　新しい歴史教科書』（自由社）は、次のように評価している。

「伊能図は、和算の水準の高さ、科学をきわめようとする実証精神、困難にめげない不屈の魂の記念碑」である、と。

幕末から明治にかけて活躍した「からくり儀右衛門」こと田中久重は、「東洋のエジソン」と謳われた天才発明家であった。彼は、日本で最初の民間機械工場、芝浦製作所（東芝の重電部門の前身）の創業者でもある。青年時代に、水圧、重力、空気圧などの力を利用したからくり人形を製作、なかでも「弓曳童子」「文字書き人形」「童子盃台」などは傑作である（インターネットの動画サイトなどで見られるものもある）。

その後、西洋時計に興味をもち、西洋の天文暦学や数理学を学び、仏教の宇宙観を表す天体時計「須弥山儀《しゅみせんぎ》」や、一度巻けば一年間動き続ける脅威の時計「万年自鳴鐘」を完成させた。ペリー来航後は国防技術に関心をいだき、蒸気船の模型の製造、反射炉やアームストロング砲の開発製造にも着手した。彼はまさに、技術大国日本の礎をつくった、天才機械技術者であった。

十八世紀のはじめには、江戸は人口一〇〇万を超える世界最大の都市となる一方、米をはじめ醤油、酒、木綿など全国各地のさまざまな物産の集散地となった大阪は〝天下の台所〟として栄えた。大阪に蔵屋敷を置いた各藩は、年貢米や特産品の売却を商人に委託した。大阪に集まった物産は、菱垣廻船や樽廻船によって江戸に運ばれた。

亨保十五年（一七三〇）、大阪に堂島米会所が開設され、米は所有権を示す米切手で売買されることになった。取引には、現物取引の「正米取引」と、先物取引の「帳合米取引」の二通りがあった。後者は、敷銀という証拠金をつむだけで、差金決算による先物取引が可能であった。この堂島米会所は、世界初の先物取引市場であり、金融派生商品（デリバティブ）は、ここで生まれたのである。

仏教的職業倫理を説いた鈴木正三

徳川幕府は欧米列強の武威に屈する形で安政五年（一八五八）、まずアメリカとの間で日米修好通商条約に調印した。同年、続いてオランダ、ロシア、イギリス、フランスと同様の条約を締結した。

これらの条約では日本側に関税自主権がないうえに、相手国に領事裁判権と片務的な最恵国待遇を約束するもので、完全な不平等条約であった。明治政府はこの不平等条約の改定に苦労し、それが成ったのは、なんと半世紀以上も後の日露戦争勝利後であった。

それはそれとして、開国と同時に列強の外交官や貿易商、旅行家などが極東の島国・日本にやってきたが、彼らはみな、異教徒の日本人の民度と道徳性の高さに驚いている。

人夫や馬子にしても、責任感が強く誠実に任務を遂行し、〝主人〟の忘れ物があれば数キロの道を戻って探し、決してチップを受け取らず、旅の途中で無償で卵などを調達する。夏のさなか、たまたま立ち寄った民家で〝異人〟の来客を長時間、うちわで扇いでくれた主婦に対し、お礼のチップを渡そうとしても、決して受け取らない。旅籠に財布を忘れてきても、誰も盗らない。客を見て値段を決め、機会があれば暴利を貪るシナなどと違い、誰に対しても定価販売をする土産物店、等々。

階級、階層、職種の別なく、たとえ貧しくても、ほとんどの日本人は正直で、自分の職業に誇りを持って仕事に取り組んでいた。当たり前のそうした日本人の姿に、白人たちは驚いたのである。〝文明〟国の自国よりも、〝未開〟であるはずの極東の島国の方が、はるかに民度や道徳性が上だったのだから。

江戸時代、一般庶民の道徳観や職業倫理を育むうえで、大きな役割を果たした代表的な人物は、宗教家の鈴木正三《しょうさん》と思想家の石田梅岩《ばいがん》である。

江戸時代初期の禅者である鈴木正三は、もともと徳川家の旗本で、関ヶ原の戦いや二度にわたる大阪の陣で武功をあげたが、十代から仏教に深く傾倒し、幕府が安泰となったのを見届けると四十二歳のときに出家、厳しい修行と思索を経て、独特の禅風を確立し、また、在家の人々に対しては、革新的な職業倫理を説いた。

鈴木正三の禅は、生死の境を生きてきた武人らしく、裂帛《れっぱく》の気合と勇猛果敢なもので、「仁王禅」とも「勇猛禅」とも称された。彼の仏法は独特で、「禅浄双修」とも言うべきものであり、曹洞宗の禅と浄土宗の念仏をともに取り入れたものであった。

鈴木は〝世法即仏法〟との考えのもと、それぞれの職分に真剣に取り組むことが、そのまま信仰の実践であると説き、職業に貴賤はないとし、万民に通用する仏教的な職業倫理を世界ではじめて展開した。

例えば農業。農業はすなわち仏行、農民たちの身体は仏体、心は仏心、業は仏業である。だが、心がけが悪ければ、地獄に落ちる場合もある。

彼は説く。憎い、愛《いと》しい、惜しい、欲しい、などと、さまざまな悪心をひそかに作り出して今生を苦しみ、悪道に堕するのは、なんとも悔しいではないか。それゆえ、農業をもって自己の業障を滅ぼし尽くそうと大願力を起こし、一鍬《くわ》、一鍬に「南無阿弥陀仏、南無阿弥陀仏」と唱えながら耕作すれば、必ずや仏果に至るだろう、と。

マックス・ヴェバーの研究家でもある作家の長部日出雄氏は、その著『仏教と資本主義』（新潮新書）のなかで、こうした鈴木正三の教えを次のように評価している。

自分の職業を、天道の召命に応える「天職」と考え、地獄に墜されかねない罪障を追い払うために、ひたすら阿弥陀仏の御名を称えて、禁欲的な労働に没入せよ、と教える点で、これはルターやカルヴァンが説いた職業倫理、労働倫理とほとんど同質のものと考えられます。また、その啓蒙性において、清教徒革命時代のイギリスの牧師リチャード・バクスターをも想起させます。

鈴木正三には多くの著作があるが、農民、町人、武士など、あらゆる職業の職業倫理を説いたものは、主著『万民徳用』である。そのなかの「職人日用」の一節を、長部日出雄氏の訳で引用する。

ある職人が聞いた。後生の菩提（死後の冥福）が大切であると知りながら、もっぱら家業と渡世に追われるのみの毎日である。どのようにして仏果にいたればよいか…と。

答えていう。いずれの事業もみな仏行なり。みずからの生業において成仏すべし。また一切の仕事は、すべて世界のためとなることを知るべし。本覚真如（世界の普遍的な真理）の一仏、百億分身して、世界を利益するなり。

鍛冶の匠をはじめとして諸職人なければ、世界の用は足りず、武士なければ世は治まらず、農人なくして世界の食物はなく、商人なくして世界の自由成るべからず。

天地を究める人あり、文章を作る人あり、五臓を分けて医道を施す人あり、その他ことごとく世のためとなるものは、すべてこれただ一仏の徳用（徳より発する作用）なり。

この有り難き仏性を、人みな具足するといえども、この理を知らずして、われとわが身を卑しくし、悪心悪業をもっぱらとして、好んで悪道に入るを、迷いの凡夫とはいうなり。

眼に色を見、耳に声を聞き、鼻に香りを嗅ぎ、口に出してものを云いて、思いめぐらすことの自由が生じる。また手の自由、足の自由、ただこれ一仏の自由なり。

まこと成仏を願うならば、まず自身を信ずべし。自身はすなわち仏なれば、これは仏の心を信ずることなり。仏に欲心なし、仏に瞋恚《しんい》なし、仏に愚痴なし、仏に煩悩なし、仏の心に悪事なし。この理を信ぜずして、ひそかに貪欲を作り出し、瞋恚を発し、愚痴に住して、日々夜々、我執・邪見・妄想に取り憑かれ、苦悩の心休む時なく、本来の自性を見失って、一生をむなしく大地獄のなかにすごし、未来永劫の住処とせんこと、悲しまざるべけんや。

これを恐れ、これを嘆きて、後生一大事の志を励まし、真実勇猛の念仏をもって生業と仕事をなせば、機の熟するにつれ、自然に誠の心至極して、ついに自己の真仏顕然たるべし。ひとすじに信仰せよ、信仰せよ。

これに対し長部氏は、次のように解説している。一切の仕事は全て世界のためである。本覚真如の一仏、百億分身して、世界を利益するなり、というのは、社会における分業と職業構成の現象を、神の宇宙計画の直接的な発現と考えた中世最大の哲学者トマス・アクィナスの神学に通じる。「本覚」は、衆生に本来そなわっている清浄な悟りの智慧、「真如」は、一切存在の真実の在り方で、本覚思想と言えば、現実世界を全て本覚の現れとする考えを意味する。「利益」は、他を益することで、これにたいし自らを益することを「功徳」と言い、ここにも、自利に先立って利他がある、利他の結果として時に自利がもたらされる、という大乗の智慧が示されていると言っていい、と。

なお、鈴木正三は、大衆教化のため『因果物語』『二人比丘尼』『念仏草子』などの仮名草子も著しており、井原西鶴らに影響を与えた。

神・仏・儒の教えで心を磨けと説いた石田梅岩

十八世紀前半の八代将軍吉宗の時代に活躍し、「心学」(=石門心学)の開祖となった石田梅岩は、鈴木正三以上に日本人の民度・道徳性の向上に寄与した思想家・倫理学者である。江戸時代中期から後期にかけて、石田の心学は平易な実践道徳として大いに一般大衆を感化し、別名「道徳教」とも呼ばれた。明治の〝文明開化〟時代、石門心学は一時下火となったが、その命脈は絶えることなく今日に及び、近年も再評価されている。

石田梅岩は、丹波国桑田郡東懸村(現:京都府亀岡市)の農家の次男として生まれ、幼くして京の呉服屋に丁稚奉公に出された。商家奉公のかたわら、寸暇を惜しんで神道、仏教、儒教を独学し、商いの体験から得た信念を重ね、人間の在り方、生き方を開悟。四十五歳のとき、京・車屋町の町家で無料の講座を開講した。この講座は、身分、貧富、男女の別なく、希望する全ての人々に開かれた。

現在、「石田梅岩の教えを京都の地で学ぼう!」を旗印に活動中の、一般社団法人・心学修正舎は、石門心学の本質を「正直　倹約　勤勉の『三徳』の実践」にあるとし、開講当初の様子を次のように解説している。

宇宙の根源たる「道(理)」は万人に均しく天与されており、その天与されたものを「性」と言い、「性」は心の根本で「性」に従い活動して止まぬ、素直な心「本心」に従うのが商人の道、人の道である。それを知るには「心」を尽くして「性」を知らねばならない、と町衆に向かって日常生活の卑近な例を挙げてその「尽心知性」を易しく諭すが如く話して聞かせるものでした。その中身は「正直・倹約・勤勉」を基盤にするものでした。その一方で社会に向かっても強く「商人の利は武士の俸禄と同じである」、「道に従って商いしてたとえ富が山の如くに至るも、それを欲心からとは言えない」と訴えました。

また故渡部昇一氏は、「江戸文化の独自性の代表」として、石田梅岩の心学を高く評価している。渡部氏によれば、石田心学(石門心学)は、神道、仏教、儒教の教えを盛んに援用しているが、中心思想は「心」であるから、究極的には神道であろう、という。

さらに、心というのはつかみどころのないものだが、心を物質的イメージでとらえるのは神道で、日本語の「こころ」という言葉の語源はおそらく「ころころ」からきているのではないか。胸のなかでころころするようなもの、という感じではなかろうか。本居宣長がコリコリ（凝凝）の約転としているが、コロコロの約転としてもいいだろう、と。

日本では鏡、剣と並んで勾玉が三種の神器になっており、勾玉を重んじる「勾玉文化」は日本固有のものである。勾玉は心の象徴であり、心を「玉」と考えると、それに付随して「磨く」という概念が生じ、だから玉（心）を磨けばいいのではないかということになる。

心を磨く——何かを磨くには、ふつう磨き砂を用いる。そこから儒教の教えも、神道の教えも、仏教の教えも、全ては自分の心を磨く砂である、という考えに到達する。それが梅岩の思想なのだと渡部昇一氏は捉える。

渡部氏は、こうした石田心学を、世界宗教史上特筆すべきものだとしている。

石田心学は、まず人間には心があって、その心を磨くのにいい教えというのが、仏教にもあれば神道にもあるし儒教にもある、というのである。これは宗教の相対化というものである。諸宗教を相対化することによって倫理の向上を実践したという意味で、世界宗教史上に無比の地位を占めると言えよう。これも「心」というものを勾玉と表象した日本人独特の感性が生んだものである（渡部昇一『「日本の歴史」第4巻　江戸篇　世界一の都市　江戸の繁栄』ワック）。

渡部氏の言う〝宗教の相対化〟とは、まさに日本的プラグマティズムである。それは、日本文明の基層に神道的世界観が広がっていることと呼応している。一神教の一元的価値観は、他の宗教や思想に対して非寛容であり、その宗教的原理主義は、独善と傲慢、そして戦争やテロに直結する。これまでの人類史がそれを証明している。それに対して、八百万の神々と共にある神道的世界こそ、寛容と共生を旨とする日本文明の母体なのだ。そのような意味で、石門心学は日本ならではの優れた倫理学なのである。

世界に先駆け企業の社会的責任を実践した近江商人

ところで、「士農工商」は、職業による仕分けに過ぎず本来みな平等なのだ、という考えがある一方で、封建時代の階級的序列を表していると一般的に考えられてきた。直接額に汗して生産することなく商品を動かすだけで利益をうる「商」は最下位で、さらに〝不労所得〟で富を得る金融業、すなわち「金貸し」は、賤業とみなされてもきた。この考え方は、長いあいだキリスト教文明圏においても同様であった。

しかし、平和な時代になって各種産業が栄え、貨幣経済が日本列島を覆うようになると、経済発展に伴う消費生活において、決まった俸禄の武士階級は窮乏化し、大名から御家人までが、有力商人から融資を受けるようになる。権力は武士階級にあるが、経済力は商人階級にと、現実社会では力の逆転現象が起こるわけだ。

こうした歴史的背景のもとで、生まれるべくして生まれたのが、石門心学であった。梅岩自身が商人であったが、そうかといって、彼の教えは商人のみを対象とするものではなかった。

彼の道話は人々の心をとらえ、数百人の門弟のなかには、師・梅岩の志を継承発展させた手島堵庵がいた。その手島の弟子には、布施松翁や中沢道二、中村習輔といった優れた人材がおり、石門心学は幕末まで、隆盛の一途をたどった。

梅岩を始祖とする心学者たちが道話を講じる塾を「心学講舎」と呼んだが、最盛期には全国で二百近い心学講舎ができた。受講者は、はじめは町人が圧倒的に多かったが、次第に農民や武士たちも、この心学講舎に通うようになった。明治維新後に石門心学は廃《すた》れたとはいえ、その優れた思想を信奉する実業家は絶えなかった。例えば、昭和前期の出版業界をリードした講談社の創業者、野間清治もその一人であった。

近年、グローバリズムの波のなかでアメリカ型の株主資本主義が一般化し、「企業は株主のものであるから、株主の利益を最優先すべきだ」という世界的な潮流が出来た。

それに対抗して、「企業は株主だけのものではなく、顧客、従業員、取引先、地域社会などの利害関係者全員に対する、社会的責任を負わねばならない」とする、CSR（corporate social responsibility）の考え方が、再び強く叫ばれている。こうした歴史的な文脈のなかで、石門心学が再評価されているのである。

江戸時代から近江商人は、大阪商人、伊勢商人と並ぶ日本三大商人と謳われてきたが、近江商人の「三方よし（売り手よし、買い手よし、世間よし）」の商売理念こそ、世界に先駆けたCSRの思想にほかならない。

ちなみに、近江商人はその出身地によって、湖東商人、八幡商人、日野商人、高島商人などと呼ばれているが、例えばそのなかの八幡商人は、主として畳表、蚊帳、麻布などの地場産業を育成し、それらの商品を全国に流通させるとともに、明治開国後は北海道の開拓にも尽力した。

そうした商家の代表格に、西川利右衛門家があった。この家の家訓は石田心学を地で行く、近江商人魂に輝くものである。それは「先義後利栄　好富施其得」というものだった。西川家に伝わる読みは、「義を先にし、利を後にすれば栄え、好く富んで、其の得を施せ」である。

個人も企業も国家も、かくありたいものだ。

江戸時代の日本は、世界に冠たる教育大国

ハインリッヒ・シュリーマン

ハインリッヒ・シュリーマンは、年来の夢であったトロイアの遺跡発掘を実現する六年前の慶応元年（一八六五）、世界漫遊の旅で日本にも立ち寄った。幕府の護衛に守られて、横浜、江戸、八王子とその周辺が彼の見学範囲であったが、のちに旅行記で次のように記している。

「もし文明という言葉が物質文明を指すなら、日本人はきわめて文明化されていると答えられるだろう。なぜなら日本人は、工芸品において蒸気機関を使わずに達することのできる最高の完成度

に達しているからである。それに教育はヨーロッパの文明国家以上に行き渡っている。シナをも含めてアジアの他の国では女たちが完全な無知のなかに放置されているのに対して、日本では、男も女もみな仮名と漢字で読み書きができる」

ただ、このくだりに続いて彼は、キリスト教の信仰と習俗を文明の基準と考えれば、日本人は文明人とは言いがたいと断じるのだが（ハインリッヒ・シュリーマン『シュリーマン旅行記　清国・日本』石井和子訳、講談社学術文庫）、キリスト教が唯一絶対だと信じているシュリーマンにとっては、まあ当然の論理だと言えよう。それはそれとして、彼の「教育はヨーロッパの文明国家以上に行き渡っている」という言葉に注目したい。彼だけではなく、江戸時代に来日した西洋人の全てが、驚きをもって同じことを記しているからだ。

例えば、この時点よりさらに三百年以上も昔の十六世紀半ば、はじめて日本上陸を果たした〝南蛮人〟の宣教師フランシスコ・ザビエルも、日本人の民度の高さについて、書簡のなかで次のように記述している。

フランシスコ・ザビエル

「この国の人びとは今までに発見された国民の中で最高であり、日本人より優れている人びとは、異教徒のあいだでは見つけられないでしょう。彼らは親しみやすく、一般に善良で悪意がありません。驚くほど名誉心の強い人びとで、他の何ものよりも名誉を重んじます」（フランシスコ・ザビエル『聖フランシスコ・ザビエル全書簡3』河野純徳訳、平凡社）

管子に「倉廩実《そうりんみ》ちて則ち礼節を知り、衣食足りて則ち栄辱を知る」とあるように、一般的に、民度は安定した暮らしと教育によって支えられている。

ザビエルが接した日本人は、全員が当時の上流武士階級であったわけではない。したがって、室町時代においても日本人の民度、真の意味での教養の高さが偲ばれるのである。彼以外にも、各種の証言などから、日本はこの時代から世界一の教育大国であったことは確かなようだ。

江戸二六〇年の「徳川の平和」の時代、武士たちは文武両道に秀でたリーダーであり、かつ有能な行政マンであることが求められ、武士階級の識字率は、ほぼ一〇〇パーセントであった。

武士の子弟は藩校で学んだ。米沢藩の興譲館、岡山藩の花畠学舎、長州藩の明倫館、仙台藩の養賢堂、熊本藩の時習館、薩摩藩の造士館、会津藩の日新館、庄内藩の致道館、水戸藩の弘道館など、藩校は全国で二八〇余あり、多くの逸材を育てた。

藩校は言わば公立であるが、国立にあたる幕府直轄の教育・研究機関は、神田湯島にあった昌平坂学問所である。昌平坂学問所は、東京大学、東京師範学校（のちの東京高等師範学校→東京文理科大学→東京教育大学→現在の筑波大学）、東京女子師範学校（のちの東京女子高等師範学校→現在の御茶の水女子大学）の源流となった。

江戸時代、藩校とは別に、各分野の個性豊かな私塾も各地に開かれ、多士済々の人材を世に送り出した。以下に代表的な塾名（所在地）と設立者を挙げてみる。

漢学塾は、「蘐園塾」（江戸）荻生徂徠、「心学講舎」（江戸）石田梅岩、「藤樹書院」（近江国青柳）中江藤樹、「古義堂」（京都）伊藤仁斎、「青山社」（大阪）頼春水、「洗心洞」（大阪）大塩平八郎、「松下村塾」（長門国萩）玉木文之進・吉田松陰、「咸宜園」（豊後国日田）広瀬淡窓など。

心学塾は、「心学舎」（京都）石田梅岩。国学塾は、「和学講談所」（江戸）塙保己一、「鈴屋塾」（伊勢国松坂）本居宣長、「梅の舎塾」（出雲国杵築）千家俊信、「気吹舎」（江戸）平田篤胤など。

東洋医学塾は、「衆芳軒」（京都）小野蘭山、「成章堂」（京都）松原一閑斎など。西洋医学塾は、「鳴滝塾」（長崎）フォン・シーボルト。

蘭学塾は、「成秀館」（長崎）吉雄耕牛、「天真楼」（江戸）杉田玄白、「氷解塾」（江戸）勝海舟、「象山書院」（江戸）佐久間象山、「鳩居堂」（江戸）大村益次郎、「慶應義塾」（江戸）福沢諭吉、「江川塾」（江戸）江川太郎左衛門、「春林軒」（紀伊）華岡青洲、「適塾」（大阪）緒方洪庵、「五岳堂」（宇和島）高野長英など。

他に、和算塾、天文学塾、書道塾、画塾などもあった。

こうした私塾は、幕末には、全国で一千五百もあったと言われている。これら私塾の設立者・教師をはじめ塾生たちも、身分や階級の制約は、まったくなかった。

これらの私塾を設立した人物や、そこで学んだ塾生のなかから、明治維新を推進し、新たに生まれた明治という統一国民国家のリーダーとなった人材が、数多く輩出されているのである。

庶民の就学率・識字率は世界一

一方、町人や農民など庶民の子弟は、近所の寺子屋で実学を中心に学んだ。前出『市販本　新版　新しい歴史教科書』では、「寺子屋の教育」について、次のように解説している。

「寺子屋では、読み・書き・算術に加えて、教訓、社会、地理、歴史、礼儀作法、実業などを教えた。女子には裁縫や活け花も教えた。寺子屋は、徳の育成を重んじた。孝行、正直、心のもち方の大切さを教え、敬語と言葉づかい、勉強のときの姿勢や、食事のとり方などの礼儀作法をしつけることに力が注がれた。教科書は往来物とよばれ、7000種類以上が今日でも残っている。寺子屋の教師は手習師匠とよばれた。全国の師匠の3人に1人が、女性だった。師匠は、全身全霊を傾けて教えた」

江戸時代の庶民教育の場であった寺子屋は、寺や自宅を開放して僧侶や浪人らが教師役となり、全国で一万五〇〇〇軒以上あった。江戸や大阪の大きな寺子屋には、五〇〇人から六〇〇人の寺子（生徒）がおり、男女とも七歳か八歳で入学し、四年か五年で終了した。

文化・文政時代の十九世紀初頭、世界一の巨大都市となっていた江戸に、町人を基盤とする化政文化が花開いた。与謝蕪村や小林一茶らの親しみやすい俳諧、政治や世相を風刺する川柳や狂歌がはやり、さし絵入りの草双紙、十返舎一九の『東海道中膝栗毛』や式亭三馬の『浮世風呂』といった滑稽本がもてはやされた。また、滝沢馬琴の『南総里見八犬伝』や上田秋成の『雨月物語』などの、伝奇・怪異の戯作小説の読本、桃太郎や舌切雀など子供向けの赤本（表紙が朱色であったところから、こう呼ばれた）がブームとなった。

こうした大衆文芸の広がりをもたらしたのは、貸本屋であった。当時江戸には六〇〇軒以上の貸本屋があり、誰でも本に親しめる時代がきていたのである。また、今日の新聞に当たる瓦版も現れ、市中でおきた事件や天変地異などを知らせた（前掲書）。

ちなみに、同時代において、武士階級はもとより、庶民の就学率・識字率も、共に世界一であった。義務教育ではない寺子屋で自発的に学ぶ子供たちの就学率は、全国的に五〇パーセントを超え、江戸に限定すれば八〇パーセント以上であった。当時のイギリスの大工業都市での就学率は、わずか二〇パーセントほど。十九世紀半ば、イギリス帝国最盛期のヴィクトリア時代でも、ロンドンの下層階級の識字率は一〇パーセント程度だったと推定されている。

さらに、元禄文化に並ぶ化政文化の時代、町人たちは文字文化に親しみながら、落語や人形浄瑠璃、歌舞伎、相撲、お伊勢詣でや四国八十八カ所巡礼の観光旅行などを楽しんだ。

こうした庶民文化の隆盛と豊かさは、同時代の世界では、日本だけに見られたものなのである。

終章　日本再生への道

パクス・トクガワーナのパラドックス

これまで見てきたように、近世日本は〝小日本〟どころか、紛れもなく超大国であった。慶長五年（一六〇〇）、関ヶ原の戦いに勝利した徳川家康は、慶長八年、征夷大将軍となって江戸に幕府を開いた。家康は、元和元年（一六一五）、大阪夏の陣で豊臣氏を滅ぼしたあと、武家諸法度・禁中並公家諸法度を制定、文字どおり日本の統治者となった。

三代将軍家光の時代には参勤交代制度を確立、徳川幕藩体制は盤石となった。家光治世下で勃発した島原の乱を契機にキリシタン禁止政策が強化されて檀家制度がはじまるとともに、オランダと清国以外の外国船の入港が禁じられ、一六四一年にはオランダ商館が平戸から長崎の出島に移された。幕府は、オランダ商館長に「阿蘭陀風説書」を、長崎の唐人屋敷には「唐船風説書」の提出を義務づけ、貿易と海外情報を独占した。こうした体制が、いわゆる〝鎖国〟である。

幕府直轄の長崎だけでなく、薩摩口（対琉球）、対馬口（対朝鮮）、松前口（対蝦夷地・千島・樺太）と、四つの窓口が世界に向かって開かれていたことは先に述べた。これらはいずれも、幕府を利する閉鎖的な体制であった。

それまで幕府は、たびたび「大船建造禁止令」を発していたため、江戸時代後期になって日本沿岸に西欧諸国の軍船が出没しても、幕府も各藩も、それに対する対抗手段がなかった。近世初頭には世界一の鉄砲大国であったにもかかわらず、「諸国鉄砲改め」などによって全国規模の銃規制がなされ、火器の製造・研究は封印された。もっとも、害獣駆除用の火縄銃は「農具」として認められ、全体的に武士たちよりも農民たちの方が、より多くの銃を所有していた。しかし農民が、団体交渉とも言うべき農民一揆を起こしても、決して鉄砲は使わなかった。一方の領主側も、鉄砲の使用を自制した。双方に、暗黙の〝鉄砲相互不使用原則〟が生きていたのだ。

アメリカの英米文学者ノエル・ペリンに『鉄砲をすてた日本人　日本史に学ぶ軍縮』（川勝平太訳、

紀伊國屋書店）という著作がある。一九八四年発刊の本書は、ライシャワー元駐日大使も推奨した話題の書ではあったが、〝ひいきの引き倒し〟の観は否めないものだった。

これらの〝軍縮〟は、徳川幕府の支配体制維持のために各藩に強いたものに過ぎず、結局は一国平和主義の罠に陥り、幕末に至って、西欧列強の植民地化の危険に身をさらすことになる。

こうした「徳川の平和」は、ＧＨＱに押し付けられた現行憲法下で一億総〝平和教〟信者となった、戦後日本の思考停止状態と酷似している。幕府をアメリカに、藩を日本に、鉄砲を核兵器に、西欧列強を核を持つ反日敵性国家に置き換えてみると、よく理解できるだろう。

ところで、西欧列強に対抗できる強力な統一国家をつくろうする薩長中心の倒幕勢力と旧幕府側勢力が戦った戊辰戦争は、それぞれの背後で虎視眈々としていた英仏の介入を拒み、最小の犠牲で新生国民国家を生み出した。鳥羽伏見の戦いから西南戦争に至るまで、明治維新に関わる犠牲は三万人弱であった。それに対してフランスでは、ルイ王朝のアンシャン・レジームを打倒したフランス革命と、それに続くナポレオン戦争によって近代国民国家を形成するまでに、なんと四〇〇万人もの犠牲者を出している。しかも、そのうちのおよそ半数は、フランス人であった。

天皇を戴く明治政府は、版籍奉還、廃藩置県、四民平等、学制発布、徴兵令交付と、矢継ぎ早に近代国民国家への改革を進めた。だがこれらは、武士階級をはじめ町人、農民など職業、階層、身分を越えた民族意識、危機意識の共有があったからこそ可能となったものである。その背景には、当時としては世界最高水準の識字率と、高い民度があったことを挙げねばならない。

明治時代、日本は猛スピードで殖産興業、富国強兵策を進め、日清・日露戦争に勝利して、またたく間に国際政治を左右する列強の一角を占めた。こうした〝奇跡〟は、太古から続く日本文明、とりわけ江戸時代の大いなる蓄積によってもたらされたのである。

とはいえ、世界の近世史上に類例のない、〝侵さず・侵されぬ〟二六〇年にわたる「徳川の平和」(=パクス・トクガワーナ)は、自律と円熟の文化文明を生み出したが、一方で、亡国にも繋がりかねない一国平和主義の陥穽に陥ってしまったという歴史のパラドックスには留意せねばならない。

日本再生は、奪われた歴史を取り返すことからはじまる

繰り返し述べてきたように、日本再生の前には「三つの壁」が立ち塞がっている。その一は、大東亜戦争の戦勝国と反日国家、それらの走狗となっている国内の反日売国勢力によって捏造

された「歴史の壁」である。

日本の再生はまず、この「奪われた歴史」を取り返すことからはじめねばなるまい。勝者がでっち上げた捏造の歴史が〝正史〟であるなら、我々は進んで〝歴史修正主義者〟にならねばならない。

『日本は誰と戦ったのか　コミンテルンの秘密工作を追及するアメリカ』（ＫＫベストセラーズ）や『コミンテルンの謀略と日本の敗戦』（ＰＨＰ新書）等を著している評論家の江崎道朗氏によれば、アメリカの良心的な保守派歴史学者と、現代日本の知性とも言うべき学者たちとの間で共同研究が進んでおり、捏造の〝正史〟が覆されつつあるという。我々を勇気づけてくれる朗報である。

独立自尊の日本国家を再建するために、今こそ大東亜戦争の文明史的意味を再確認しなければならない。

著名な言語学者にして言語生態学者である鈴木孝夫氏は、著書『日本人はなぜ日本を愛せないのか』（新潮選書）のなかで、次のように記している。


今でも日本人の、ことに西洋かぶれした知識人の中には、日本は負けると決まっている馬鹿な戦争をして出さなくてもいい多大の犠牲を出した上に、近隣諸国に多大の迷惑をかけて日本の国際的な評判をすっかり落としたなどと、したり顔で言う人が結構います。しかしこのような人は、あれほど全世界を覆っていた西欧列強の植民地が、二十世紀中葉になってほとんど姿を消すことになったという世界史の大転換に、日本が起こした戦争が直接間接に大きく寄与したという明らかな事実を知らない不勉強家か、さもなければ自分さえ良ければ他はどうなっても構わないという、自分だけの利益しか念頭にない哀れむべき、了見の狭い不心得者だと私は思います。

捏造と欺瞞の東京裁判史観と、それを固定化する装置としての現行憲法、底の割れている絵空事のマルキシズムにいまだ呪縛されている思考停止状態の学者やジャーナリストたちに、ぜひ読ませたいところだ。

また、安全保障や外交問題を専門とするジャーナリスト、井上和彦氏は、大東亜戦争で〝日本が侵略した〟とされる東南アジア諸国を現地ルポした著書『日本が戦ってくれて感謝しています　アジアが賞賛する日本とあの戦争』（産経新聞出版）の冒頭で、次のように記している。

戦後の日本社会は、明治以降の近現代史を醜聞の色に染め上げた「自虐史観」に支配されてきた。しかしこれまで自分の足で歩き回って見聞してきたアジアには、日本のマスコミが声高に叫ぶ〝反日〟の声も、また学校で教わるような侵略の歴史も、いまもってお目にかかったことがない。

半世紀も日本の統治下にあった台湾には、むしろ戦前の日本統治時代を懐かしむ声が溢れ、また日本の戦争の〝犠牲者〟とされてきたフィリピンでは、驚くべきことに神風特別攻撃隊の武勇が地元の高校生からも賞賛されている。そしてマレーシアをはじめ東南アジア諸国では、日本軍が〝解放軍〟として歓迎されていたのである。事実、マレーシア航空の機内誌『going places』(2002年8月)には、《日本のイギリスに対する勝利は、長くヨーロッパの植民地でありつづけたアジア人の意識の中にあったヨーロッパ列強の無敵神話を見事に粉砕したのである》と記されている。

またマレー・シンガポール攻略戦に引き続いて実施されたかのインパール作戦も、インドの人々からは〝インド解放戦争〟として感謝の意を込めていまも高く評価されていた。さらにかつて日本の委任統治領であったパラオでは、戦前の日本が生き続け、日本軍人は尊敬を集めているではないか。

となれば、毎年8月15日がやってくると決まってマスコミが騒ぎ立てる反日的な〝アジ

ア の声〟とはいったい何なのか。日本軍兵士による蛮行を恨む声や日本軍への恩讐を耳にしないのは、私の取材の仕方が悪いのだろうか。はたまた私が出会ったのは偶然にも親日派の人々だったのだろうか。

そこで日本軍の蛮行とやらを声高に訴える方々にお尋ねしたい。いったいどうすれば日本の侵略を恨む声に出会えるのか。

人類文明史に燦然と輝く大東亜戦争

第二章でも触れたように、白人キリスト教徒が、異教徒の有色人種の国々を植民地として支配・搾取することは選民として当然のことだと傲慢にも思い込んでいた帝国主義の時代に、それは文明の大義にもとることであり、人種差別は撤廃すべきだとはじめて声を上げたのは日本だった。

大正八年（一九一九）、第一次世界大戦の講和問題と、国際連盟など戦後の国際体制を検討するために、パリ講和会議が開かれた。連合国の一員として参戦した日本は、米・英・仏・伊と並ぶ五大国としてこの講和会議に臨み、新設される国際連盟の規約に人種差別撤廃を盛り込むことを提案した。投票の結果は十一対五で、賛成多数であったが、議長役のウイルソン米大統領は、「このような重要案件は全会一致を要する」として議決の不採決を宣言し、日本の提案を葬った。

この提案に反対したのは、いずれも過酷な植民地収奪を続けていた列強である。アメリカでは西部に移民した日系人への迫害が激しさを増していたし、フィリピンでは独立派に対する非人道的な弾圧を行っていた。アメリカは到底、日本の提案を受け入れるわけにはいかなかったのである。

ちなみに、当時オランダのＧＤＰの六五パーセントがインドネシアからの収奪によるもので、イギリスのＧＤＰの三〇パーセントがインドからの収奪であったと言われている。こうした白人列強にとって、人種差別撤廃や植民地解放は即、国富の巨大な損失となり、認めることなどできなかったのである。

このような歴史的状況下で、大東亜戦争は、紛れもなく大東亜における植民地解放戦争であった。日本自身の安全保障と資源確保の必要性から、列強の植民地として呻吟しているアジア諸国を解放することが迫られていたのである。

もし、戦争目的を果たした方が勝利者だとするなら、大日本帝国は、アメリカとの戦いには

ククリット・プラモート

敗れたが、大東亜戦争の終局的な勝利者だったと言えるだろう。

だからこそGHQは、日本をアジア諸国解放のヒーローにしてはならないとの思いから「大東亜戦争」の呼称を禁じ、代わりに「太平洋戦争」と呼ぶことを強要したのである。

大航海時代から五〇〇年続いてきた白人キリスト教徒による有色人種に対する言語に絶する残虐な仕打ち、虐殺、拷問、強姦、奴隷化、収奪。そこに終止符を打ったのは、日本民族であり、日本国家であった。こうした、ファクトに基づく正しい歴史が復活することで、大東亜戦争は、人類文明史に燦然と輝き続けるだろう。

作家・百田尚樹氏の『日本国紀』（幻冬舎）によれば、作家、ジャーナリストでもあったタイのククリット・プラモート元首相は、終戦から十年目にあたる昭和三十年十二月八日、現地の新聞サイアム・ラット紙に、次の文章を寄稿しているという。

日本のおかげでアジアの諸国はすべて独立した。日本というお母さんは難産して母体をそこなったが、生まれた子供はすくすくと育っている。今日、東南アジアの諸国民が米英と対等に話ができるのは、いったい誰のおかげであるのか。それは身を殺して仁をなした日本というお母さんがあったためである。十二月八日は、我々にこの重大な思想を示してくれたお母さんが一身を賭して重大決意をされた日である。我々はこの日を忘れてはならない。

現代の日本は、ほとんど唯一の〝衰退途上国〟

経済評論家の三橋貴明氏は、著書『国民を豊かにする令和の政策大転換』（ビジネス社）において、日本経済の低迷は完全に政治的失策であるということを、データ上から明らかにしている。

氏は二〇〇一年以降、つまりは二十一世紀の主要国のＧＤＰ（自国通貨建て）が、二〇一八年までに「何倍になったのか」を、ＩＭＦの資料から構成している。それを上位から見ていくと、ロシア一〇・七、インド八・一、中国八・〇、ブラジル五・二、メキシコ三・三、オーストラリアと韓国がともに二・六、カナダ、アメリカ、イギリスの三国がともに一・九、ドイツ一・六、フランス一・五、イタリア一・四、そして日本が一・〇となっている。

つまり、二十一世紀に入って、日本だけが成長していないのである。なぜか。デフレという、総需要（消費、投資）が不足する環境下にありながら、政府が支出（国債発行）をためらっているためである。

ちなみに、二〇一八年の新興経済諸国の政府支出は、対二〇〇一年比で、ブラジル五・五倍、インド八倍、韓国三・一倍、メキシコ四・二倍、ロシア一一・二倍、そして中国がなんと一五・七倍であった。先進諸国で見ると、オーストラリア二・七倍、アメリカ、イギリスが二倍強、カナダ一・七倍、フランス、ドイツ、イタリアが一・五倍前後、そして日本が一・〇八倍で、日本のみ、二十年間の政府支出がまったく変わっていないのだ。

政府の支出拡大とＧＤＰ成長はほぼ相関関係にあるわけだが、一九九七年の橋本緊縮財政で経済がデフレ化して以降、ＧＤＰが成長しなくなってしまった。つまり、国民が所得を増やすことができない「貧困化路線」が続いているのだ。三橋氏は怒りを込めて記している。

デフレという総需要不足に悩む国において、国内最大の経済主体（＝政府）が「カネを使わない」という態度に出たわけだ。ただでさえデフレで所得が減っている国民が、消費を増やすはずがない。しかも、日本政府は「消費に対する罰金」である消費税の増税を繰り返してきた。国内消費が盛り上がらない以上、企業が設備投資を増やすはずもない。

…一九九八年の橋本政権期の「21世紀の国土のグランドデザイン」以降、投資金額が国土計画に記載されなくなってしまった。代わりに「投資の重点化、効率化の方向を示す」といった、抽象的な美辞麗句が書かれるのみになってしまったのだ。「重点化」「効率化」など、言葉の響きは確かに良い。とはいえ、国家の予算において重点化や効率化とは、少なくとも日本の場合、「政府はカネを使わない」という意味でしかない。

長期の予算規模が書かれない計画など、まさに絵に描いた餅である。橋本政権以降、我が国の政府は計画的な国土開発、インフラ整備等、政府に求められる役割を放棄してしまった。結果的に（当たり前だが）政府の支出は伸びず、ＧＤＰも成長せず、我が国は現代の世界において、ほとんど唯一の「衰退途上国」に落ちぶれてしまった。

平成二十三年（二〇一一）三月の東日本大震災や、令和元年（二〇一九）十月の台風19号などの猛威は、異常気象下での想定外のものもあったとはいえ、これまでインフラ整備や災害対策等に政府支出をケチってきた、歴代政府の責任も問われねばならない。

また、看過できないのは、こうした緊縮路線によって、野田政権を例外として、科学技術関係の予算が二十一世紀に入ってから、ひたすら削減されてきたことである。これまで毎年のように自然科学系の日本人学者や技術者がノーベル賞を受賞してきたが、このままだと、今後は期待できないだろう。この、科学技術関係予算の抑制が続いた結果、「科学技術立国」の旗を掲げてきた我が国は、情けないことに「科学技術小国」化してしまった。もはや日本は、科学技術大国ではない。日本政府（財務省）は、科学技術を「選択と集中」の際、選択される分野から除外してしまったのである。主要国のなかでこんな愚行を続けているのは、日本だけである。

財政法を改正し、再び経済大国を目指せ

鳴り物入りの「アベノミクス」は、金融政策、財政政策、インフラ政策を三本の矢として、日本経済をダイナミックに浮揚させようとするものだった。だが、頑迷固陋な財務省の、プライマリー・バランス（ＰＢ）を絶対視する「財政均衡主義」の壁に阻まれ、加えて、一〇パーセントの消費増税という愚策とも相まって、事実上、頓挫した。

なぜ、このような亡国への道を歩むのか――。

財務省（旧大蔵省）は、「役所のなかの役所」と言われ、財務官僚たちは、選ばれたエリート官僚として絶大な権力を誇ってきた。おかしなことに彼らは、ＧＨＱ支配下の昭和二十二年

に制定された「財政法」を、金科玉条として崇めてきた。

この財政法の第4条1に「国の歳出は、公債又は借入金以外の歳入を以て、その財源としなければならない。但し、公共事業費、出資金及び貸付金の財源については、国会の議決を経た金額の範囲内で、公債を発行し又は借入金をなすことができる」とある。

要は、「税収だけでやっていけ」ということだ。赤字国債は禁じ手だということである。これは、確かにインフレ対策には有効であるが、デフレ経済下では、ほとんどナンセンスであり、かつ有害である。

終戦直後のハイパー・インフレという、当時の時代背景はあったものの、ここに、アメリカによる日本封じ込めの〝種〟が仕込まれていたのである。

かつてナチス・ドイツがユダヤ人（！）の国際金融資本家たちの協力を得て、野放図に近い国債発行で短期間に軍事超大国になり、日本もまた、大量の戦時国債で軍事大国となった歴史的事実を踏まえ、再び日独が経済大国（→軍事大国）になることを、未然に防ごうとしたのである。

これは、「平和を愛する諸国民の公正と信義」を頼りに、いかなる戦力も保持せず、国家としての交戦権も否認した〝平和憲法〟と、見事に呼応しあっている。

まず憲法によって一人前の独立国家になることを封じ、それを担保するのが、この財政法というわけだ。つまり財政法は、憲法と相まって、アメリカが日本を政治的、経済的、軍事的に支配し続けるための、巧妙な装置なのである。

自国民の幸せや国益よりも、宗主国サマに覚えめでたく振る舞い、出世街道をまっしぐらに駆け上るのがエリート官僚だとするなら、彼らにとって聖書にも等しい財政法を改正するなど、畏《おそ》れ多くて、とんでもないことだろう。もしも彼らが、本当にそのように考えて行動しているというのなら、何ということはない、それを別名〝売国奴〟と呼ぶのではなかったか。

もちろん、財務官僚がみな売国奴だとするのは言いすぎだが、彼らの信奉する経済理論、財政政策は、やはりおかしいのである。

その最たるものは、国の財政と個人の家計の同一視だ。平成三十年度末の時点で、赤字国債等の「国の借金」は約一一〇三兆円であり、これを総人口（一億二六二三万人）で割ると、国民一人当たり約八七四万円の借金を抱えている計算になる、と財務省は言う。

普通の国民はこのように聞かされると、「それは大変だ！　このように借金が増えていけば、遠からず国は破産する！」と恐れおののき、年々自分たちが貧しくなっていくにもかかわらず、政府の緊縮財政を容認することになる。

このように国の財政を家計に例えるのは、財政均衡主義を守らんがための、ほとんど犯罪的なプロパガンダである。国とはこの場合、政府をさすが、政府は徴税権と通貨発行権をもち、発行した国債を事実上の子会社である日銀に買い取らせることができる。つまり、無制約ではないが、言わば〝打ち出の小槌〟を持っているのだ。これに対して、一家の家計は収入の範囲内で賄うしかなく、それを無視して返済能力を超える借金をした場合は、破産するしかない。

現在のようなデフレ不況から脱するためには、実体経済の成長が必要であり、そのためには政府の思いきった財政出動（赤字国債の発行）が求められる。経済が成長すれば、それに伴って税収も増え、ＰＢも自動的に改善されるはずである。誰でもわかる単純な道理だ。

確かに、債務残高の国際比較で言えば、日本は最悪であり、「国の借金」は三年連続で過去最大額を更新した。これは、社会保障費などの財源を赤字国債で賄ってきたためだ。

だが、日本の場合、ほとんどの国債は自国通貨建てであり、かつ国内で消化されているため、政府の借金（国債）は同時に、民間の金融資産ということになる。政府の債務は即、国民の債権である。

前述のように、我々国民には「日本は借金大国だ」という〝刷り込み〟があるが、実際は驚くほどの金持ち大国なのだ。内閣府の発表によれば、平成二十九年末の時点で、国や企業、個人などが保有する土地や建物、株式などの国民資産の残高は、一京八九三兆円で、過去最高を更新している（一京円は一兆円の一万倍）。この国民資産から負債を引いた「国富」（正味資産）は、三三八四兆円と、リーマン・ショック前の水準を回復したという。

さらに、平成三十年末の時点で、日本の政府や企業、個人が海外で保有する対外資産残高は一〇一八兆円であり、こちらも七年連続で過去最高を更新した。そこから負債を引いた純資産は、三四一兆五五六〇億円であり、これは世界一である。アメリカは反対に世界一の債務国であり、しかも財政赤字が年々拡大している。

このアメリカで、近年注目されている理論がある。「ＭＭＴ（Modern Monetary Theory）」、いわゆる「現代貨幣理論」と呼ばれる経済理論である。この考え方は、日本の財務省が頑なに堅持しようとしている「財政均衡主義」を真正面から否定するものだ。

その理論は、「自国通貨を自由に発行できるアメリカ政府や日本政府などは、自国通貨建ての国債で債務超過に陥っても、財政破綻はありえない。ハイパー・インフレを招かない限り、政府の債務が増えても問題はない」というもので、日本の優秀な経済学者、経済評論家の多くは、この理論に賛同している。

ちなみに、この思想を理解できずにＰＢ幻想から抜けきれず、緊縮財政路線を続け、しかもデフレ経済下では経済成長を阻害する禁じ手とされる消費増税に踏み切り、長期にわたって国益を損なうグローバリズムに踊らされている安倍政権に見切りをつけて内閣官房参与の職を辞した京都大学大学院教授の藤井聡氏も、ＭＭＴ理論の信奉者である。

日本国家の再生は、経済の再建なくしてありえない。このＭＭＴに依拠して、〝衰退途上国〟から一刻も早く脱しなければならない。そのためには、積極財政を封じ込める悪法である財政法を改正し、日本国家再生の十年計画を立案して、〝日本再生国債〟（仮）を毎年二〇～三〇兆円、十年で合計二〇〇～三〇〇兆円発行し、再び豊かで強い経済大国を目指さなければならないのである。

人口減少・食糧自給率・エネルギー確保・安全保障

我が国における喫緊の課題は、なんと言っても人口減少問題である。デフレ経済下ではあるが各分野で労働力不足が生じ、安い外国人労働力の導入、いわゆる移民の拡大が政策的に進められている。しかし、これは極めて危険な一面もある。現在ＥＵ諸国やアメリカ合衆国が、まさにこの問題で悩んでいるわけだが、生活習慣や価値観の違い、宗教上の対立などの文化摩擦、犯罪の多発に加えて、安い移民労働力につられて自国労働者の所得が低く抑えられてしまうことが問題なのだ。

外国人労働者や移民を全てシャットアウトすることは現実的ではないが、日本人労働者の労働生産性を極限まで高め、それに見合うように労働分配率を高めること、そのためのあらゆる方策を探ることが優先されねばならない。

グローバル経済のもと、日本の大企業の株の多くの部分が国際金融資本の所有となり、企業は従来の日本型経営から、アメリカ型の強欲な株主資本主義の性格を強め、労働分配率は年々低下している。だが、政府がこれを座視することは許されない。日産の前会長ゴーンは論外としても、経営陣の常識はずれの報酬、莫大な内部留保等々、問題は山積している。

例えば、新たな投資を促し、労働分配率を高めさせるために、企業の内部留保に課税することも考えるべきだろう。

所得が低いために結婚したくてもできない、結婚しても子供をつくれないという若年層が増えているが、彼らの所得が増えれば、少子化や人口減少にも歯止めがかかるだろう。行政による託児所や幼稚園の、需要を満たすための開設と、完全無償化も進めなければならない。

「食糧安保」と言われるように、食糧自給率は、地球規模の天候不順や戦争等の非常時においては、一国の命運を左右する。日本は、先進国のなかで最低の自給率である。農業大国でもあるアメリカの農業予算は莫大（年間十兆円以上）で、アメリカの農家は一軒（一社）当たり四万ドル近い補助金を受けて、とうもろこし、麦、大豆、米などの余剰農産物を輸出している。こうした補助金は、日本農家の約四倍に当たる。

現在の日本農業は、安価な海外農産物との過酷な競争、担い手の高齢化、後継者不在などから、極めて不安定な状況にある。安全安心の国産農産物の安定的な生産・供給は言うに及ばず、四〇％にも満たない食糧自給率を早急に七〇～八〇％に引き上げることが、国家的な課題である。二年分くらいの食糧の国家備蓄も、真剣に考えねばならない。

農業政策を抜本的に再構築し、先の〝日本再生国債〟も使って、その実現を期すべきだ。

食糧と並ぶ国民生活及び国家的生命線はエネルギーの確保であるが、日本の第一次エネルギー自給率は、これまた主要国のなかで最低である。一〇％にも満たないのである。エネルギー源の多角化は図られているものの、石油・天然ガスの占める割合が最も多く、そのほとんどは中東に依存している。ところが、その海上輸送路であるホルムズ海峡は絶えずキナ臭く、加えて南シナ海が〝中共の海〟になりつつある。有事になれば石油やガスの輸入はお手上げとなる。しかも、石油の備蓄は、二〇〇日分もない。資源エネルギー庁はそれなりに努力しているようだが、やはり平和ボケの観は免れない。

日本独自のエネルギー開発に、もっと真剣に取り組むことが急務である。

実は、日本の領海内の海底には、膨大な量のメタンハイドレートが眠っており、これを開発できれば、日本は一転して資源大国になれると言われている。産総研（国立研究開発法人 産業技術総合研究所）の取り組みはかなり進んでおり、海底からの採取開発の技術的なメドは立っているのだが、いまだ商業ベースには乗れないのだという。……というのは、表向きの弁明で、実は石油メジャーの妨害によって進捗できないというのが実態らしい。もしそうなら、許しがたいことである。

政府は長期的な展望に立ち、国家プロジェクトとして、新エネルギー源のメタンハイドレート開発に潤沢な資金を注ぎ、エネルギー資源大国の実現に務めねばならない。そのために、ここでも、〝日本再生国債〟が必要なのだ。

近年、日本列島は予想外の天災に見舞われて甚大な被害を出しているが、近い将来発生すると予想されている大規模地震の、南海トラフ地震、日本海溝・千島海溝周辺の海溝型地震、首都直下地震、中部圏・近畿圏直下地震は、この程度のものではない。

また、生命や財産の安全を脅かすものは、天災だけではない。天災以上の脅威は、一発で大都市を壊滅させる核ミサイル攻撃である。広島型原爆の数百倍の破壊力をもつ水爆搭載ミサイルが、東京はじめ東海道メガロポリスに数発打ち込まれるだけで、日本は事実上、終わってしまう。この可能性がゼロでない限り、日本も対策を立てねばならない。だが、平和ボケ日本においては、これまで具体的な対策はないに等しかった。国内の核シェルターの普及率を見れば、一目瞭然である。

日本核シェルター協会によれば、人口あたりの核シェルター普及率は、スイスとイスラエルが一〇〇％、ノルウェー九八％、アメリカ八二％、ロシア七八％、イギリス六七％、シンガポール五四％、そして我が日本は、ゼロに近い〇・〇二％である。

スイスは、一九六二年のキューバ危機を機に核シェルターの設置を連邦法で義務付け、全国をカバーして核シェルターを管理する、連邦民間防衛庁が新設された。

日本の場合は、天災にも有効な核シェルターの設置を法律的に義務付け、経費の補助や特別減税などで有事に備えるべきであろう。普及率は、せめてアメリカ並みの八〇％を目安としたい。これこそ国土強靭化の施策であり、内需拡大策にもなるはずだ。

しかし、核シェルターのみで安心してしまうのは、あまりにも幼稚である。

古代ローマ時代から途切れることなく殺し合いを続けてきた西欧に、「平和を望むなら、戦争の準備をせよ」ということわざがある。つまり、「核の脅威を免れるためにこそ、核を持たねばならない」という、逆説の痛みに耐える本物の理性と強靭な意志が必要なのだ。

逆に、「日本は唯一の被爆国」を枕ことばに、情緒的な核アレルギーに訴える反日左翼勢力の護憲反核運動は、亡国への道である。核廃絶を主張し、核なき世界の到来を祈ることは、人間として正しい道である。だが、祈るだけなら幼児でもできる。冷厳な国際政治力学においては、核で威嚇する国がある限り、核で確実に報復する能力を持たねばならない。

残念なことに現在の、二十一世紀の文明段階では、こうした恐怖の均衡「相互確証破壊（MAD）」によってしか、国家の安全と独立は担保されないのである。平成二十八年、広島での原爆慰霊祭に米大統領としてはじめて列席したオバマ前大統領は、核兵器廃絶を誓って被爆者代表と抱擁しながら、一方で核兵器の更新拡充の予算を増額した事実を、日本のマスコミは報じなかった

日米関係は「エントラップメント・アライアンス（罠にはめる同盟関係）」である

では、日本がかくも長き惰眠を貪ってきたのはどうしてか。

ワシントン在住で、アメリカの外交政策決定の権力中枢にいる要人たちとも濃密な交流をも

つ国際政治アナリストで軍事思想家の伊藤貫氏は、一つには、日本を独り立ちさせないアメリカの戦略、もう一つは、日本の政治家たちの知的怠慢と思考力の欠如を挙げている。

氏は、第一章でも紹介した平成二十四年（二〇一二）の著書『自滅するアメリカ帝国　日本よ、独立せよ』（文春新書）のなかで、日本のリーダーたちを厳しく批判している。

当時の日本の政界と言論界では、〝普天間基地の海兵隊ヘリコプターの移転先〟と〝米国の主導するＴＰＰへの参加問題〟が、日本が直面する最も重要な外交問題とされている。だが、それよりもはるかに重要な問題――①アメリカの一極覇権戦略が失敗したこと、②冷戦後の国際構造の多極化は必然的であること、③米経済力の相対的な衰退は、マクロ経済学から見て当然であること、④二十一世紀になっても日本の自主防衛政策（特に自主的な核抑止力）を阻止しようとする米政府の対日政策は、不正で愚かな同盟政策であること、等々――は、日本の政界・官界・言論界で、ほとんど議論されてこなかった。これに関して、「日本の政治家・官僚・言論人が、国際政治の構造的な変化やマクロ経済学の重要な問題に関して知的に真剣な議論をせず、細かい議論ばかりしているのは、彼らにパラダイム・レベルの思考力とグランド・ストラテジー構想能力が欠けているためである」と。

伊藤氏はまた、同書のなかでアメリカの老獪な同盟国操縦法を暴いている。

同盟国に対して「アメリカが保護してやるから、お前たちが自主防衛能力を持つ必要はない」と言って同盟諸国の自主防衛政策を阻止し、これら諸国を半永久的にアメリカの〝家来と属国〟の地位にとどめておこうとするのが、アメリカの同盟政策のエッセンス（正体）だという。

著名な国際政治学者であるグレン・スナイダー氏は、第二次大戦後に米政府が運用してきた同盟システムを「エントラップメント・アライアンス（罠にはめる同盟関係）」と表現しているという。超大国アメリカに「保護してもらっている」と喜んでいる同盟諸国が、「気がついてみたら、独立主権国として行動するために必要な外交能力と国防能力を剥奪されていた」という状態にエントラップしておこうとする同盟国操縦システムなのだ、と。ちなみに一九五〇年代の後半期、フランスのドゴール大統領と西ドイツのアデナウアー首相がアメリカとの同盟関係を嫌うようになったのは、このエントラップメント政策のためである、ということだ。

ドゴール（左）とアデナウアー（右）

同書はまた、同盟国のなかでも日本を〝特別視〟して国家としての復活を阻止しようとする、アメリカの悪意を教えてくれる。第一章でも簡単に紹介したが、再びここに引用しておく。

東アジア地域において日本だけを「NOと言えない非核国」という不利で危険な立場に置いておこうとするのが、「日本と自由主義・民主主義の価値観を共有する」米政府の対日政策なのである。筆者は、国務次官補やペンタゴンの日本部長から、「たとえ中国人や朝鮮人がどれほど多くの核ミサイルを増産しても、日本人にだけは核を持たせない。米政府は、日本の自主防衛政策を阻止する」と言われた経験がある。優秀な戦略家であるウォルツ、ミアシャイマー、レイン等は、このような対日政策が不正であり不道徳であることを、明確に指摘してきた。

伊藤氏は怒りを込めて書いている。こんなアメリカの対日政策を受け入れてきた歴代の自民党・民主党政権は、「独立国ごっこを演じてきた、アメリカの傀儡《かいらい》政権」ではないのか、と。さらに、アメリカの「保護領」とされたことを心の底から喜んでいる護憲左翼と親米保守派の日本人は、過去六十余年間、アメリカの保護領として存在してきた「日本という国家の、擬似独立性」にも、気がつかないフリをしているという。

そして、日本の政治家、官僚、言論人のほとんどは、こんな状態を「独立国のあり方として、異常である」と判断する思考力すら失っている、と厳しく断罪している。

「敗戦後の日本で、真の独立を回復しようとして努力した首相はたった三人だけ——鳩山一郎、石橋湛山、岸信介《のぶすけ》——であった。国民の前では、〝独立心の強い、毅然としたナショナリスト〟というお芝居を演じてみせた吉田茂、中曽根康弘、小泉純一郎は、実際には米政府の傀儡政治家にすぎなかった」と。

対米隷属関係の清算なしに日本再生はありえない

こうした伊藤氏の明晰な日米関係の分析は、極めて重要である。日本は、憲法と財政法によって真の経済大国への道が閉ざされているように、憲法と日米安保条約および日米地位協定に

鳩山一郎

石橋湛山

岸信介
（首相官邸ＨＰより）

よって、政治的、外交的、軍事的な自主独立が阻まれてきた。

この屈辱的な「エントラップメント・アライアンス」を、どれだけの政治家、官僚、言論人たちが明確に自覚しているのだろうか。

ファシズム国家の中共や北朝鮮など、敵性国家の存在に気を取られるあまり、ややもすると、価値観を共有する〝唯一の同盟国〟なるアメリカが巧妙に仕掛けた〝罠〟の悪意を忘れがちである。

戦後レジームを脱して日本を再生するとは、まずこのいびつで醜い日米関係を精算し、対等な同盟関係を再構築することである。日米安保の片務的な関係のままでは、自衛隊が事実上、米軍の傭兵的地位に甘んじることも、いたしかたないだろう。だからこそ、かつての日英同盟のように、双務的な関係にならなければならない。そのためには、戦力の保持を禁じ、交戦権を否認する、愚かな現行憲法を改正することが不可欠なのである。

反日売国野党は、こうしたまともな認識を「戦争のできる国にするのか！」と難詰する。そう、そのとおりだ。独立国家である限り、自衛の戦争は普遍的な自然法上の権利であり、義務である。戦後最大の新興宗教とも言うべき、思考停止の〝平和教〟が国を滅ぼすのである。こうした平和教の信者は、自らを人類愛と良心の使徒とでも思い込んでいるようだが、実は反対に、戦争を誘い込むという大罪を犯しているのだ。「平和」を念じ、「平和、平和」と叫んでいれば、平和が訪れるなら、こんなに楽なことはない。

近い将来、親北媚中反日反米の文在寅韓国政府を見限って、米軍が韓国から撤退する日が来る可能性も考えられる。そうなると日本は、アメリカ防衛の北西太平洋における最前線となり、アメリカにとっても、日本の重要性はより高まる。

今こそ自主憲法を制定し、日米安保を双務的で対等なものに改正し、日米を主軸とするアジア太平洋同盟を結成して、中共の帝国主義的な覇権を封じ込めることが必要である。香港返還時に英中が五十年間の一国二制度を約束したにもかかわらず、現在も中共政府は、一方的に強権的支配下に置こうと、民主化を求める香港住民を武力弾圧している。香港が落ちれば次は台湾で、台湾の次は沖縄が危険にさらされる。

それに対抗するために、日米が同時に台湾の国家承認を行い、日、米、台、比、シンガポール、マレーシア、豪、ニュージランド、インドを誘って、同盟を結成する。インドネシア、タイ、ベトナムなども参加すれば、なお望ましい。

憲法の改正を巡っては、現行憲法の第九条〔戦争の放棄・軍備および交戦権の否認〕の1と2をそのままにして、新たに3を設けて自衛隊の存在を明記する「加憲」案が提案されている。

だが、これでは1、2との整合性がとれず、ほとんどナンセンスと言うしかない。堂々と真正面から、自衛のための軍備と交戦権を自明の権利として明記すべきである。さらに、全ての日本国民が自国防衛とそれに協力する義務を負うことも、自主憲法には加えるべきである。その具体的な内容は、緻密に検討されねばならないが。

ちなみに現在、世界各国で徴兵制が見直されている。評論家の八幡和郎氏によれば、徴兵制を廃止していたフランスが徴兵制を復活し、スウェーデンも徴兵制を復活、さらには女性も新たな対象になった。ドイツは二〇一一年に徴兵制を廃止したが、復活を検討中だという。永世中立国のスイスとオーストリアは、徴兵制を維持している。ロシア、韓国、イスラエルも徴兵制を維持しており、中国では地域ごとの枠を志願兵で満たせないときは、徴兵で補っている（『正論』二〇一八年四月号「意外？　実は徴兵制国家は世界の趨勢」）。

フランス人のトッド氏は日本に核武装を勧めている

フランスの歴史家にして文化人類学者のエマニュエル・トッド氏は、自衛と世界平和のために日本は核武装すべきだとアドバイスしている。

トッド氏によれば、核兵器の〝偏在〟こそが怖く、広島・長崎の悲劇は米国だけが核を持っていたからで、米ソ冷戦期には使われなかった。インドとパキスタンは、双方が核を持ったときに和平のテーブルについた。中東が不安定なのはイスラエルだけが核をもっているからで、東アジアも中国だけでは安定しない。日本も核を持てばいい、と。

日本もイランも、周囲の脅威にさらされている地域の大国であり、一定の条件のもとで核を持てば、世界はより安定するという。

広島・長崎の悲惨な原爆体験からくる核嫌悪、核アレルギーは理解できるが、世界の現実も直視すべきであろう。日本の構造的な難題は、米国と中国という二つの不安定な巨大システムに挟まれていることで、米国は巨額の財政赤字を抱えて衰退しつつあるため、すぐ軍事力で戦争に訴えがちだ。それが日本の唯一の同盟国なのだ。一方の中国は、賃金の頭打ちや種々の社会的格差といった緊張を抱え、「反日」ナショナリズムで国民の不満を外に向けようとする。そんな二つの国が、日本の貿易パートナーなのだ、と。

そしてトッド氏は、核兵器は安全のための避難所であり、核を持てば軍事同盟から解放され、戦争に巻き込まれる恐れがなくなる。これがいわゆるドゴール主義的な考え方である、としている（エマニュエル・トッド『グローバリズム以後　アメリカ帝国の失墜と日本の運命』朝日新書）。

前出の伊藤貫氏によれば、日本にとって必要な自主的核抑止力とは、約二〇〇基の単弾道・核ミサイルと、それらのミサイルを搭載しておく二十隻程度の通常動力型潜水艦、そして核ミサイルを運用するための軍事衛星、レーダー、ITシステム等である。これら装備にかかる軍事予算は、日本の毎年のGDPの〇・一〜〇・二パーセント程度の費用に過ぎない。通常兵器による戦争抑止力が非常に高価であるのに比べて、核兵器による戦争抑止力は、格段に安いという（前掲書）。

日本は国の内外に五十トン近い分離済みプルトニウムを保有しており、日本の技術力をもってすれば、数カ月で核兵器を保有できるという。実験は必要なく、シミュレーション技術で開発可能だと専門家も言う。日本のロケット・ミサイル技術は世界最高水準であり、核ミサイルの開発は日本にとって簡単であるということだ。

こうした日本の核開発を巡って非難の声が上がるなら、NPT（核拡散防止条約）から迷わず脱退すればよい。これは、国連での拒否権を持つ常任理事国、つまり米、露、英、仏、中の核独占体制を維持するための、利己的な機構にすぎないのだから。

決断の時期を誤ってはならないが、国連から脱退することも考えていいだろう。これは、悪意に満ちた〝戦勝国〟の特権的な閉鎖クラブに過ぎないものだ。思考力の欠落している政治家は国連幻想を抱いているが、現実に国連は何をやってきたというのか。第二次世界大戦のあとも、地球上でどれだけの血が流されたか。そのときに国連は何をしてきたというのか。いまだ「敵国条項」があり、常任理事国でもない日本は、数年前までアメリカに次いで二番目の国連拠出金を出し続けてきた。そうしたこと自体が異常なのだ。

新生日本は、偏頗《へんぱ》な戦勝国クラブにすぎない国連に代わる、真の国際機関の構想を打ち出さねばなるまい。その前に、全外務官僚・外交官に、歴史認識を問う特別審査制度を設けねばならないだろう。外務省だけではなく、米政府の下請け傀儡機関に堕している中央官庁の解体的な再建も必要である。

ともあれ、独自核の開発に取りかかると、反日の特亜諸国などによる有形無形の妨害が予想される。〝眠れる獅子〟を目覚めさせたくないからだ。大事なことは、民族・国家として不退転の決意を固めること。そして、あらゆる事態に対応できる準備を怠らないことである。

ちなみに、二〇一八年時点での、上位十カ国の軍事費の対GDP比（ドル換算）を見ると、最高はサウジアラビアの八・七七％で、次いでロシアの三・九三％、以下、米国三・一六％、韓国二・六二％、インド二・四二％、フランス二・二九％、中国一・八七％、イギリス一・七八％、ドイツ一・二三％、日本〇・九二％となり、日本がいちばん軍事費を使っていないことになる。

この数字はまさに、安易な対米依存体制を物語っている。

日本には、自主防衛能力と独立した国家戦略が必要

伊藤貫氏の前掲書は、前著『中国の核戦力に日本は屈服する　今こそ日本人に必要な核抑止力』（小学館新書）とともに、戦後レジームから脱して日本を再生するための、教科書とも言えるものである。

伊藤氏の指摘のとおり、日本がアメリカの保護領としての環境に安住し、安易な対米依存体制を続けていけばすむ時代は終わったのだ。

中国の大軍拡、北朝鮮の核兵器増産、ロシアの再軍国化、米経済力の衰退、今後三十年以上続く米財政構造の悪化、等々の問題は、「日米関係を深化させよ」とか「集団的自衛権を認めよ」などといった単純な政策では、対応できない課題である。日本政府の対米依存主義は、思考力の浅い、間違った国家戦略である。

キッシンジャー、ウォルツ、ミアシャイマー、レイン等が明瞭に指摘してきたように、

二十一世紀の日本には、（自主的な核抑止力を含む）自主防衛能力構築と同盟関係の多角化が必要である。日本が独立国としてのグランド・ストラテジーを構想し、実行する知性と勇気を持たないのならば、日本は今後も、核武装した米中朝露四国に弄ばれ続けるだけである。すでに解説したように二〇二〇年代になると、財政危機と通貨危機を惹き起こした米政府は、「米軍が、中東と東アジアを同時に支配し続ける」という国家戦略をギブ・アップせざるをえなくなる。その場合、アメリカが撤退していくのは東アジアであろう。中東は石油・天然ガス資源の宝庫であり、しかも国内の政治、金融、マスコミにおけるイスラエル・ロビーの影響力が異常に強いアメリカは、中東地域から撤退できない。…

　東アジア地域の地政学的な環境は、今後三十年間、着々と日本にとって危険な方向へ推移していく。自国にとってのバランス・オブ・パワー条件がこれ以上、不利で危険なものになることを阻止するグランド・ストラテジーを構想し、実行することは、日本人の道徳的・軍事的な義務である。日本人がこの義務から眼を逸らし続けて、国内の原発問題や年金問題や老人介護問題ばかり議論しているならば、二〇二〇年代の日本列島は中国の勢力圏に併合されていくだろう（前掲書）。

政治家や言論人は、襟を正して伊藤氏の国際政治の分析と未来予測に耳を傾けなければならない。「冷戦後の日本には、自主防衛能力と独立した国家戦略が必要」と、心あるアメリカの識者たちも発言している。

先に提案した〝日本再生国債〟は、この自主防衛能力構築のためにこそ、使われなければならない。まず、防衛予算を現在の約三倍のGDP比三パーセントに定める。核開発だけでなく、ミサイル防衛、島嶼防衛、サイバー戦、電磁パルス攻撃等への対応準備、レールガンや高出力の電波照射装置、最新鋭のステルス戦闘機等の開発、各種新鋭艦の増強、陸海空の人員の拡大と待遇改善等々、毎年約十五兆円の予算を十年間、合理的、効率的に使うことで、日本は核を含む自主防衛体制を構築することができるだろう。

なお、重要なことは、直接的な軍需産業に限定的に注力するだけでなく、世界一のスパコン、高性能な人工知能、世界最大の高速加速器の開発など、軍需・民生両面で使用できる「デュアルユース（両面）」の技術分野に、十分な研究開発費を投入することである。

かくして人口減少に歯止めをかけた日本は、経済成長率三〜四%を維持し、再び技術立国に返り咲くことができる。

だが、その前提は、あくまで自主憲法の制定である。三分の二の国会決議が成っても、その後の国民投票で負けてしまえば、どうしようもない。それを未然に防ぎ、国民的な機運を盛り上げるために、全国津々浦々、地域、職域、学校等のあらゆる場所で、草の根的な啓蒙運動を展開することが肝要であろう。愛国保守組織は小異を捨てて結集し、大量のパンフレットを連続的に頒布し、従来の学校教育やマスメディアの洗脳を解き、日本の置かれている危機的な状況を訴え、改憲が絶対的に必要だということを共通認識とする。この期間が約一年間。

次の段階で、改憲をテーマに国会を解散し、政党・政界の再編を図る。政党横断的に、あらかじめ個別折衝で改憲賛成勢力が三分の二以上になるように運動する。

いずれにせよ、日本民族、日本国家の命運をかけた勝負の秋《とき》は近づいている

おわりに

もう、ひと昔も前になるが、国民作家と謳われた司馬遼太郎の代表作の一つ「坂の上の雲」を、NHKは三年間にわたる大型のスペシャルドラマに仕立てて、多くの日本人をテレビの前に釘付けにした。渡辺謙による名調子の冒頭ナレーションは、とりわけ印象深いものだった。

「まことに小さな国が、開化期を迎えようとしている。小さなといえば、明治初年の日本ほど小さな国はなかったであろう。産業といえば農業しかなく、人材といえば三百年の間、読書階級であった旧士族しかなかった。…」

膨大な資料に当たっていた博覧強記の司馬遼太郎は、承知の上で文学的レトリックとしてこのように書いたのであろうが、歴史事実に照らしてみるとき、この冒頭部分は明らかに「フェイク・ストーリー」「フェイク・ヒストリー」と言わねばならない。

確かに日本は、産業革命も中央集権的な国民国家の形成も、西欧列強に遅れをとった。海外植民地からの収奪・搾取で国を富ますこともしなかった。

しかし、我が日本は、決して小さな国ではなかった。産業も、農業しかなかったわけではなく、全国各地に立派な地場産業が栄えていた。大阪の堂島米会所は世界初の先物取引場として賑わっていた。人材に関しても、三百年の間、旧士族しかいなかったわけでは決してなかった。

戦後、反日左翼の歴史家や日教組の教師たちは、GHQの醜悪なプロパガンダである東京裁判史観の〝宣教師〟となって、日本人に戦争の贖罪意識と民族的劣等感をいだかせる自虐史観を刷り込んできた。

昭和十三年（一九三八）生まれの筆者は、国民学校一年生のときに終戦を迎え、中学・高校で日本の近現代史を、概要次のように教えられた。

「日本は、狭い国土の割に人口が多く資源も乏しかったから、明治時代から絶えず近隣諸国を侵略してきた。鎖国体制下の江戸時代は、倭寇や秀吉の朝鮮出兵のような対外侵略戦争こそ起こさなかったが、士農工商の階級制度のもと、圧倒的多数の農民たちは、帝政ロシアの農奴のように土地に縛り付けられ、領主や地主たちの過酷な搾取と弾圧にあえぎ、貧しく非文化的な生活を余儀なくされていた。こんな封建制度の時代が長く続いたため、日本人は自律性や自我の発達が遅れ、その結果、太平洋戦争という侵略戦争に盲目的に従うことになった。しかし、敗戦によって軍国主義から解放された日本人は、初めて素晴らしい民主主義と自由を知った」なんと、このようなデタラメを教えられたのである。今でも、『新しい歴史教科書』などを除く大半の歴史教科書は、同じようなトーンである。

「坂の上の雲」の出だしに、ほとんどの人たちが違和感を抱かなかったのは、そのせいではなかろうか。

ちなみに、優れたストーリー・テラーであった司馬遼太郎は、歴史上の人物を虚実皮膜の間で魅力的に描いてみせ、押しも押されもせぬ国民作家としての名声を博したわけだが、ファクトに基づく歴史と歴史認識に関しては、問題があまりにも多い。実証性を欠いた、恣意的としか言えないような〝司馬史観〟なるものを指摘せざるを得ないのだ。

例えば、韓国・朝鮮には半万年の歴史があり、日本文明のルーツは全てシナ大陸と朝鮮半島にあり、日本の歴史は半島経由で弥生人がもたらした水稲耕作と鉄器からはじまる、という。また、朝鮮人と日本人は元々人種的にも民族的にも同じ、と説いている。だが、こうした説は、近年の分子人類学、遺伝子工学、形態人類学、言語学、日本・シナ・朝鮮の史書、考古学等の成果を踏まえると、どう考えても〝妄説〟としか言いようのないものだ。

司馬史観の誤りは古代史や近世史だけではない。昭和のシナ大陸での在留邦人保護および日本の権益を守る戦い、無主の地・満洲に日本国家の防衛線として、また「五族協和」の理想郷として建国した満洲国、東南アジアでの植民地解放戦争も全て、関東軍・日本陸軍の暴走・侵略としてとらえる司馬の現代史観は、まさに東京裁判史観と符合する。

ともあれ、日本民族と先人たちを貶めるようなフェイク・ヒストリーは看過できない。なぜなら、こうした〝史観〟からは、現在の日本が置かれている国家的、民族的、文明史的危機の状況は見えてこないからだ。

戦後体制を脱却できなければ、間違いなく日本は滅びるだろう。

日本の再生復活の前に立ち塞がる「三つの壁」について、ここでも確認しておきたい。その第一の壁は、大東亜戦争の戦勝国と反日国家、これらの走狗となっている国内の反日売国勢力によって捏造された歴史の壁。第二の壁は、第一の壁と表裏一体のもので、戦後体制を固定化することで日本の自主独立を阻んでいる護憲左翼と拝米・媚中エセ保守らの思考停止の愚者の壁。そしてもう一つの壁は、日本文明を破壊しながら飽くなき収奪を図る、強大な国際金融資本のグローバリズムの壁である。

本書は、こうした危機意識のもと、日本民族、日本文化、日本文明、日本国家の成り立ちとその構造を文明工学的に論究しながら、日本の再生復活の方途を探ったものである。

本書の構成に当たっては、第十一回（二〇一八年）「真の近現代史観」懸賞論文にて最優秀藤《ふじ》誠《せい》志《じ》賞を受賞した「近世日本のダイナミズム　―日本文明を再考する―」などの既発表論文も、大幅に加筆しながら収録した。なお、この「真の近現代史観」懸賞論文は、アパグループの総帥・元谷《もとや》外志雄《としお》氏が代表理事を務める公益財団法人アパ日本再興財団が主催しているものである。

そして何よりも、筆者の意図に情熱的に共振され、本書発刊の労を取られたハート出版の日高裕明社長、是安宏昭編集長に、心からお礼を申し上げる。

◇著者◇

草間洋一（くさま・ようういち）

昭和13年、新潟県生まれ。早稲田大学第一文学部哲学科卒。

ライター、エディター、出版プランナー等を生業とする傍ら、「文明工学研究家」として、学際的な総合科学としての「文明工学」の構築・研究に取り組む。

著書に、独詩集『廓然無聖の朝がきた』（開山堂出版）などがある。

2018年には、論文「近世日本のダイナミズム　―日本文明を再考する―」が公益財団法人アパ日本再興財団主催・第11回「真の近現代史観」懸賞論文において、最優秀藤誠志賞を受賞した。本書は、その受賞後第一作となる。

近世日本は超大国だった

令和2年3月22日　　第1刷発行

著　者　　草間洋一
発行者　　日高裕明
発　行　　株式会社ハート出版

〒171-0014 東京都豊島区池袋 3-9-23
TEL03-3590-6077　FAX03-3590-6078
ハート出版ホームページ　http://www.810.co.jp

ISBN978-4-8024-0091-6　　印刷・製本 中央精版印刷株式会社

なぜ秀吉はバテレンを追放したのか
世界遺産「潜伏キリシタン」の真実
三浦小太郎 著
ISBN 978-4-8024-0067-1　本体 1600 円

一神教が戦争を起こす理由
世界史で読み解く日米開戦
関野通夫 著
ISBN 978-4-8024-0075-6　本体 1600 円

ルーズベルトは米国民を裏切り日本を戦争に引きずり込んだ
アメリカ共和党元党首ハミルトン・フィッシュが暴く日米戦の真相
青柳武彦 著
ISBN 978-4-8024-0034-3　本体 1600 円

大東亜戦争は日本が勝った
英国人ジャーナリスト ヘンリー・ストークスが語る「世界史の中の日本」
ヘンリー・S・ストークス 著　藤田裕行 訳・構成
ISBN 978-4-8024-0029-9　本体 1600 円

朝鮮出身の帳場人が見た 慰安婦の真実
文化人類学者が読み解く『慰安所日記』
崔 吉城 著
ISBN 978-4-8024-0043-5　本体 1500 円

［復刻版］ 初等科国史
GHQに廃止された「我が国最後の国史教科書」
三浦小太郎 解説
ISBN 978-4-8024-0084-8　本体 1800 円